Gütersloher Taschenbücher/Siebenstern 1042

Erich Dauzenroth

Ein Leben für Kinder

JANUSZ KORCZAK

Leben und Werk

Gütersloher Verlagshaus
Gerd Mohn

CIP-Titelaufnahme der Deutschen Bibliothek

Dauzenroth, Erich:
Ein Leben für Kinder: Janusz Korczak, Leben und Werk /
Erich Dauzenroth. – 2., durchges. u. erw. Aufl. – Gütersloh:
Gütersloher Verl.-Haus Mohn, 1989
(Gütersloher Taschenbücher Siebenstern; 1042)
ISBN 3-579-01042-5
NE: GT

ISBN 3-579-01042-5

2., durchgesehene und erweiterte Auflage, 1989
© Gütersloher Verlagshaus Gerd Mohn, Gütersloh 1981

Umschlagentwurf: Dieter Rehder, Aachen
Gesamtherstellung: Clausen & Bosse, Leck
Printed in Germany

Inhalt

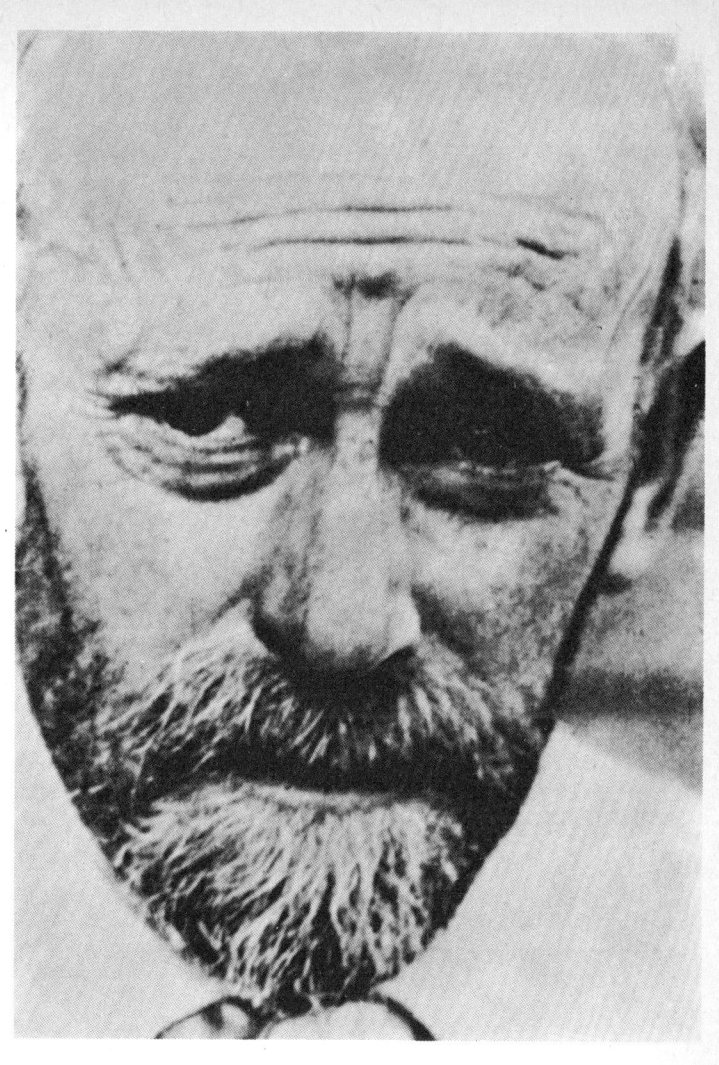

Dr. Janusz Korczak 1878–1942

«Ich habe Janusz KORCZAK nie gesehen. Ich kenne nur diese Photographie: dreieckig längliches Gesicht, eine große Stirn, Bart und die tiefliegenden Augen, verdunkelt und wie zugedeckt von den Augenbrauen. Igor NEWERLY würde sie als die angestrengten Augen eines Kurzsichtigen bezeichnen und im Gesicht würde er den Ausdruck einer ironischen Ungeduld lesen, nach dem Motto: ‹Wollt Ihr denn nicht endlich aufhören, ständig über mich zu reden, beschäftigt Euch doch mit Euren Kindern!› Wir hören nicht auf, über ihn zu sprechen, zu schreiben und an ihn zu denken. Dreißig Jahre nach seinem Tod erhielt er einen Preis, den er vor dreißig Jahren gebraucht hätte. Nein, ich kann auf dieser Photographie den Ausdruck der ironischen Ungeduld nicht erkennen. Aus diesem Gesicht spricht nur die traurige Sorge. Es hat, glaube ich, JACHOWICZ den Kinderreim geschrieben: ‹Für Euch ist das nur ein Spiel, für mich geht es um das Leben . . .›

Etwas Ähnliches lese ich in dem traurigen, bekümmerten Gesicht des Alten Doktors.»   Kazimierz KOŹNIEWSKI

«In der ermüdeten, zerrütteten und von allem enttäuschten Welt wächst die Sehnsucht nach dem Wahren und Reinen. Wieder fragt man nach Güte, wieder wird Güte geschätzt. Und der gute, kluge Mensch, dem man vertrauen kann. Wie etwa KORCZAK.»

Igor NEWERLY

«. . . Es ist mir besonders angenehm zu erfahren, daß auch der Anstoß, den der Pädagoge Janusz KORCZAK gegeben hat, so fruchtbar aufgenommen worden ist . . .»

(Stefan Kardinal WYSZYŃSKI am 10. Oktober 1978 an den Verfasser)

«. . . Nach einem geheimnisvollen Ratschluß ließ ihn Gott am Leiden seines Sohnes teilhaben, damit so viele in ihrer Bedrängnis sich auf ihn vertrauensvoll stützen können . . .»

(Stefan Kardinal WYSZYŃSKI am 20. September 1980 an den Verfasser)

«Ich denke an Dr. Henryk Goldszmit, Janusz Korczak, einen der stillen Helden unseres Jahrhunderts...»

(WŁADISŁAW BARTOSZEWSKI am 5. Oktober 1986 in der Frankfurter Paulskirche)

8

Rahmen

Die KORCZAK-Literatur verleiht ihrem Helden und Heiligen ehrenvolle Titel:
«Pionier einer zeitgemäßen Erziehung», «Der gute Mensch aus der Krochmalna», «Vater fremder Kinder», «Anwalt der Kinder», «Lehrer und Märtyrer», «Lehrer von Warschau und Treblinka», «Champion of children», «The King of Children», «The childs best friend», «Father of many», «Der polnische Pestalozzi», «Der Pestalozzi aus Warschau», «Der Märtyrer», «Der König ohne Glück», «Symbol der Moral und der Religion für die Welt von heute», «Europäische Botschaft für das Jahrhundert», «Der traurige König», «Trauriger Menschenfreund», «Genialer Erzieher», «Vorläufer progressiver Erziehung», «Bleibender Mythos», «Arztpädagoge des Herzens und der Vernunft», «Der ewige Lebendige», «Der Zauberer», «Vater, Mutter, Freund», «Verkannter Pädagoge», «Lehrer aus Berufung und Liebe», «Pädagoge der Realität und des Traumes», «Unser Heiliger» — —
Es sind Rahmen, die «einsperren … was sich für den Käfig nicht eignet» … (Aus Versen von Jan IWARDOWSKI). — —

Die Gedenkmedaille von Zielona GÓRA trägt die Inschrift:

Er liebte die Kinder
Er starb in Würde
Er bleibt Legende
und Herausforderung

Giessen, im Herbst 1989   *Erich Dauzenroth*

Symbolische Gräberlandschaft von Treblinka

«Das Kind ruft nach Befreiung, das Kind ruft um Hilfe. Das Kind haßt seine Kindheit, es erstickt. ‹Kind› ist ein Schimpfwort...»

(KORCZAK, Der Frühling und das Kind, in: Von Kindern und anderen Vorbildern, Gütersloh 1979, S. 106)

«Ich sagte einmal im Gespräch mit einem Richter: — Wenn ein Drittel der Warschauer Bevölkerung Kinder und Jugendliche sind, dann sollte jedes dritte Haus, jedes dritte Geschäft, jede dritte Straßenbahn zu ihrem Nutzen sein ... Der Hüter des Rechts hörte aufmerksam zu und antwortete nach kurzer Überlegung: — Wissen Sie, das ist für mich neu. Ich habe noch nie daran gedacht, daß Kinder auch Bevölkerung sind ...»

(KORCZAK, Der Frühling und das Kind, in: Von Kindern und anderen Vorbildern, Gütersloh 1979, S. 106)

«Mit dem Herzen liebt man. So sagen alle. Die Stübchen im Herzen sind klein, hundertmal kleiner als für Puppen. Aber so viel muß hineinpassen: Mama, Oma, Opa, sogar Papa, der schon nicht mehr lebt, und vielleicht auch der Kanarienvogel? Was bedeutet es, daß Papa immer in der Erinnerung leben wird?
Opa sagte, es gibt einen Gott, auch ihn muß man lieben. So vieles soll man lieben, und der Mensch hat nur ein kleines Herz.»

(KORCZAK, Die Menschen sind gut, Warschau 1938)

«Sonderbar ist das Leben. Wie ein merkwürdiger Traum ist es. Wer einen starken Willen hat und entschlossen ist, den Menschen zu dienen, dem wird das Leben zu einem schönen Traum werden. Auch wenn der Weg zum Ziel verschlungen ist und die Gedanken ruhelos...»

(KORCZAK, Kaitus oder Antons Geheimnis, Stuttgart – Wien 1987, S. 172)

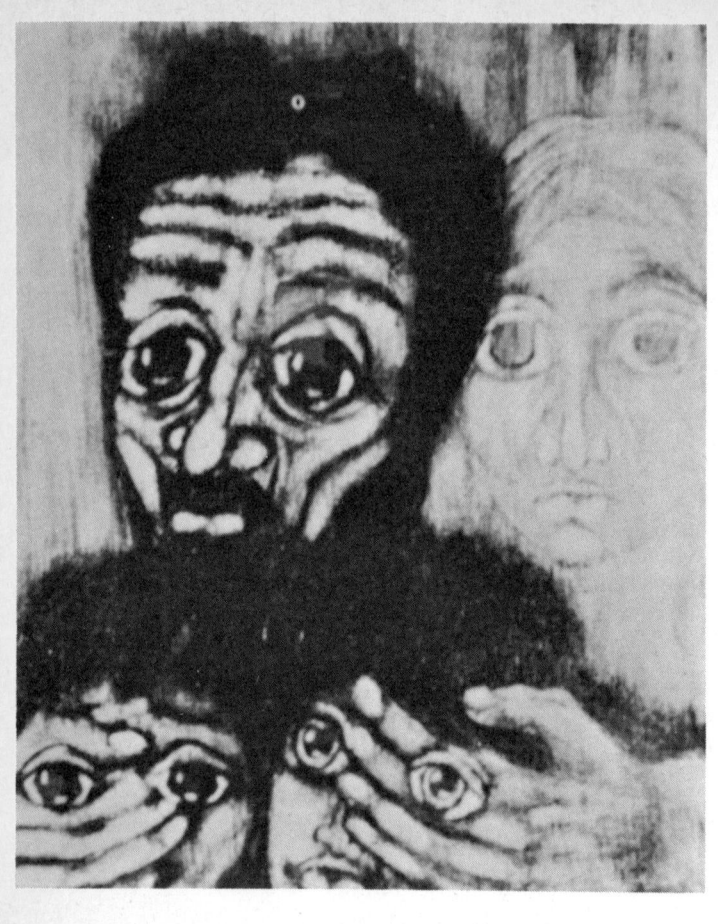

Korczak und die Kinder
Gemälde der Schauspielerin Elke Sommer

Wer ist dieser Mann?

Herkunft und Kindheit

Am 22. Juli 1878, vielleicht auch erst 1879, wurde dem Advokaten Józef GOLDSZMIT und seiner Ehefrau Cecylia, geb. GĘBICKA, in Warschau ein Sohn geboren.
Er erhielt den Namen Henryk.
Mit dem Eintrag in das Geburtsregister nahm es der Warschauer Jurist GOLDSZMIT nicht so genau, sonst hätte «Janusz» am 21. Juli 1942 nicht schreiben müssen: «Morgen beende ich mein dreiundsechzigstes oder vierundsechzigstes Lebensjahr. Mein Vater hat sich jahrelang nicht um eine Geburtsurkunde für mich bemüht. Später hatte ich deswegen Schwierigkeiten. Mutter nannte das eine strafbare Nachlässigkeit; gerade als Rechtsanwalt hätte Vater die Sache mit der Geburtsurkunde nicht so verschleppen dürfen[1].»
Über Kindheit und Atmosphäre im elterlichen Haus sagt Hanna MORTKOWICZ-OLCZAKOWA, Tochter von Jakub MORTKOWICZ, KORCZAKs Verleger, dass sie «in Kultur und Sitte den Siegel des Polnischen» trug, aber nicht ohne Bindungen an die jüdische Tradition[2]. Wie stark das Nationale den jungen GOLDSZMIT prägte, ist bei Hanna MORTKOWICZ-OLCZAKOWA, in deren Elternhaus GOLDSZMIT-KORCZAK freundschaftlich verkehrte, nachzulesen: «KORCZAK war von Geburt, Erziehung und vom Empfinden her Pole, er war es immer, wenn Pole sein bedeutete: in politisch schweren Zeiten, in Zeiten der Illegalität des Krieges, des Aufbaues, Polen zu lieben, dafür zu kämpfen und zu ringen[3].»
Das dem klassischen Kinderbuch «König Hänschen I.» (Król Maciuś = richtig: König Matthias) vorangestellte Foto zeigt dem Leser einen elfjährigen Knaben aus bürgerlichem Haus im Westenanzug mit steifem Kragen und Schleife, mit Knüpfhose, neben einer Topfpflanze sitzend: ein «Salonkind», ernst – traurig – Henryk GOLDSZMIT[4]!
Viel von verlorener, entbehrter Kindheit des «Henryk», vom «Reich der Sorge, des Hungers und der Mühsal... der traurigen Gedanken und des schwarzen Brotes...» hat der Schriftsteller «Ja-

Das Kind Henryk Goldszmit

nusz» dann in seinen Kinderbüchern, besonders im «Król Maciuś» autobiographisch angeklagt[5].

Der «grossartige und unberechenbare Vater» sieht im späten Tagebuch des Doktors so aus: «Mit einem Schauer des Entzükkens und der Glückseligkeit gedachten wir, meine Schwester und ich, sogar der beschwerlichsten, quälendsten, misslungenen Eskapaden, die der nicht allzu ausgeglichene Pädagoge, unser Vater, mit seiner tollen Phantasie aussheckte.» Trotzdem: «Ich wollte meinem Vater viel Platz widmen: in meinem Leben verwirklichte ich, was er angestrebt hat und was mein Grossvater in langen Jahren qualvoll zu erreichen versuchte.»

Krankheit und Tod des Vaters lasteten schwer auf der Familie, besonders auf Anna und Henryk, der «kühn und unberechenbar in seinen Träumen» war[6].

Man lasse die Phantasie spielen: Das «Salonkind» Henryk, in Begleitung des Fräulein Maria – Kindermädchen im Hause der GOLDSZMITS –, spaziert in der herrlichen Krakowskie Przedmieście mit ihren historisch interessanten Häusern, vorbei an der St.-Anna-Kirche, vorbei am Karmeliter-Kloster vorbei am Palast der Radziwills, vorbei am barocken Potocki-Palais.

Man sieht Henryk im «Sächsischen Garten», in der «Starówka», in den malerischen Winkeln des Rynek Starego Miasta, man sieht ihn in der Freta mit anderen Jungen; dort war auch die Szmurla-Schule, in die er gehen musste.

Über die Weichselbrücken ging er später nach Praga hinüber, ins Gymnasium, in dem es nicht weniger streng als in der Szmurla-Schule zuging. Im Weichselrevier Powiśle lernte Henryk die «Kinder der Strasse» kennen: Strassenjungen, die rauchen, schimpfen und sich an Droschken und Strassenbahnwaggons hängen, die «verwahrlosten, hungrigen und schmutzigen Kinder … mit denen man im Hof nicht spielen darf[7].»

Dreiundsechzigjährig deutet «GOLDSZMIT-KORCZAK» sein erstes «Jahrsiebt»: «Wenn ich mein Leben an mir vorüberziehen lasse, so hat mir das siebente Jahr das Gefühl gegeben, jemand zu sein. Ich bin. Ich habe mein Gewicht. Ich bedeute etwas. Ich werde wahrgenommen. Ich kann. Ich werde.»

Der reifende Medizinstudent

Im zweiten Jahrsiebt gewinnen die Träume Kontur und Profil. *«Ich bin nicht dazu da, um geliebt und bewundert zu werden, sondern um*

15

selbst zu wirken und zu lieben. Meine Umgebung ist nicht verpflichtet, mir zu helfen, sondern ich habe die Pflicht, mich um die Welt, um den Menschen zu kümmern», lesen wir in den «Erinnerungen»[8]. Zu dieser Emanzipation verhalf dem jungen Henryk nicht zuletzt die Not – der Ruin der Familie –, der durch die Einweisung des Vaters in eine Anstalt für Geisteskranke eintrat. Wie sehr Henryk durch diese Tragödie belastet war und blieb, bezeugt die Äusserung: «Ich hatte panische Angst vor der Irrenanstalt, in die mein Vater ein paarmal eingewiesen worden war. Ich – der Sohn eines Wahnsinnigen. Also erblich belastet ...[9]»

Der Reifende sucht Halt und Partnerschaft; Literatur hilft ihm, der Welt zu entfliehen; die «Neuen Räume», von denen er träumte, sollten aber anders erreicht werden.

Henryk GOLDSZMIT beginnt im Jahre 1898 an der Medizinischen Fakultät der Universität Warschau sein Studium. «Medizin, das sind Taten», soll er als Schüler einmal gesagt haben. – Am 17. März 1905 erhält er das Arzt-Diplom.

In der «Bewerbung» an das Personalbüro des «Judenrates» im Warschauer Ghetto vom Februar 1942 stehen Daten und Namen: «...Meine Ausbildung in Berliner Kliniken (ein Jahr) und in Paris (ein halbes Jahr) ergänzt. Ein vierwöchiger Abstecher nach London gewährte mir einen Einblick in das Wesen karitativer Arbeit (man hat lange Erfahrung dort). Meine Lehrmeister in der Medizin: die Professoren Przewóski (Anatomie und Bakteriologie), Nasonov (Zoologie), Szczerbakow (Psychiatrie) und die Professoren für Pädiatrie: Finkelstein*, Bagiński*, Marfan und Hutinel (Berlin, Paris). An den freien Tagen Besuch von Waisenhäusern, Besserungsanstalten und geschlossenen Anstalten für sogenannte verbrecherische Kinder. Ein Monat in einer Schule für zurückgebliebene Kinder, weitere vier Wochen in der Neurologischen Klinik von Ziehen. Meine Lehrmeister im Krankenhaus an der Sliskastrasse: der ironische Nihilist Koral, der joviale Kramsztyk, der tiefsinnige Gantz, der glänzende Diagnostiker Eliasberg, ausserdem der Feldscher-Chirurg Ślizewski und die aufopfernde Krankenpflegerin Łaja...[10]»

---

* Die deutsche KORCZAK-Forschung sollte dem Hinweis auf die beiden Ärzte Heinrich FINKELSTEIN (1865–1942) und Adolf BAGIŃSKI (1845–1918), nachgehen. FINKELSTEIN, der 1901 ein Kinderasyl in Berlin gründete, hat in seinen Schriften zur Kinderheilkunde die sozialen Fragen miteinbezogen. BAGIŃSKI forderte bereits 1877 die ärztliche Beaufsichtigung der Schuljugend. In der Schule dieser Berliner Universitätslehrer wurde Henryk GOLDSZMITs sozialpädagogischer Blick geschärft[11].

Arzt und Literat

Neunzehnjährig beteiligt sich der Maturand an einem literarischen Wettbewerb mit dem Drama in drei Akten «Wohin des Weges», eingereicht unter dem von Józef Ignacy KRASZEWSKI entlehnten «JANASZ KORCZAK und die schöne Schwertfegerin»[12] – vom Drucker «versetzten» – Namen «JANUSZ KORCZAK».

Im Jahre 1900 erscheint in der satirischen Zeitschrift «Stacheln» (Kolce) «Henryks» Erzählung «Der Lakai». Ein Jahr später überrascht Janusz KORCZAK die literarische Welt mit dem gesellschaftskritischen Werk «Kinder der Strasse», 1905 mit den «Albernheiten», den frühen Feuilletons aus den «Stacheln».

Seine erste Anstellung als Arzt erhält GOLDSZMIT-KORCZAK im Bauman-Berson-Kinderspital (1905). Fast sieben Jahre wirkte er in der Kinderklinik, gleichzeitig literarisch und pädagogisch tätig. In dieser Zeit entstand auch der Roman «Das Salonkind» (1906). Jan Adolf HERTZ bescheinigt (1907) dem Autor des «Salonkinds», dass er «eine entscheidende, für den sozialen Organismus immer gefährlicher werdende Wunde erkannte, nämlich die Erziehung»[13]». Noch deutlicher wurde Stanisław BRZOZOWSKI (1906) wenn er schreibt: «Die Seele der literarischen Tätigkeit KORCZAKS, die allem, was er schreibt, einen individuellen Ton und einen unvergänglichen dokumentaren Wert der Sozialkultur gab, ist der Kampf mit dem Mitleid und der ständig lebendige und fast in jedem Vers enthaltene Versuch, die spezifischen, heuchlerischen seelischen Zustände, die sich in den „sympathischen" Warschauer Kreisen unter dem Namen „Altruismus" verbreiteten, aus seinem Innern zu verbannen... KORCZAK droht diese oder jene Art von Skepsis, Epikureismus oder Mitleid nicht mehr. Er fühlt sich als der, der er ist – nämlich ein Kämpfer und Rächer, ein Auge, das darum so scharf sieht, damit der Arm gezielter zuschlagen kann[14].»

Der russisch-japanische Krieg (1904/05) rief den Doktor zur Armee; in einem Feldlazarett in der Mandschurei versorgte er Kranke und Verwundete. Zurückgekehrt in das Warschau von 1905 mit seinen ca. 700 000 Einwohnern, davon 36% jüdische Bevölkerung[15], seiner wachsenden Industrie und, im Gefolge davon, dem Proletariat, sah Doktor KORCZAK die früh erkannten Pflichten mit noch offenerem Auge.

KORCZAK hat, nach eigener Aussage, nie einer politischen Partei angehört; er war und blieb entschieden antikommunistisch*.

* Letzteres betonte Joseph ARNON in einem Gespräch mit dem Verfasser.

Die frühen Eindrücke vom «Powiśle», die ersten Kämpfe der Arbeiter, die «Sozialdemokratie des Königreichs Polens und Litauens» (1893), der Generalstreik vom 27. Januar 1905, führten ihn zu sozial engagierten Literaten. «Meine Lehrer in der sozialen Arbeit waren: NAŁKOWSKI, STRASZEWICZ, DAWID, DYGASIŃSKI, PRUS, ASNYK, KONOPNICKA[16].»

Von einigen dieser «Lehrer» darf mit Oskar HALECKI gesagt werden: «Als wahre Erzieher ihrer Generation führten sie diese zu sozialem, von hohem Pflichtbewusstsein erfüllten Fortschritt[17].» KORCZAK hat das soziale Gewissen dieser Lehrer angenommen.

Über die Schwäche Polens, über seine begrenzten Möglichkeiten innerhalb der «Gefangenschaft der Nation», konnten auch die Palais und Paläste der Radziwills und Tarnowskis und Potockis in Warschau nicht hinwegtäuschen. «Die Kinder von Sozialisten, Lehrern, Journalisten, jungen Rechtsanwälten, sogar von Ärzten» behandelte der Doktor kostenlos – «für Konsultationen bei den reichen Leuten in den reichen Strassen bei Tag liess ich mir drei und fünf Rubel zahlen ... Eine Unverschämtheit ... wahre Professorenhonorare». – Das ist des Doktors soziale Antwort[18].

Foto: Szlomo Nadel, Ramleh, einst Zögling in Krochmalna

Lichtgedanken für Waisenkinder

Im Jahre 1911 gibt Dr. KORCZAK seine Praxis auf, der Vision aus dem «Salonkind» nahe: *«Ich fühle, dass sich in mir unbekannte Kräfte sammeln, die mit Licht emporschiessen, dass dieses Licht mir bis zum letzten Atemzug leuchten wird. Ich fühle, dass ich nahe daran bin, aus dem Abgrund meiner Seele das Ziel herauszuholen, aus dem ich das Glück entstehen lasse*[19].»

Der Bau eines Waisenhauses in der Krochmalna 92, Architekt war Henryk STIFELMAN, erleichtert diesen Entschluss. Dass er nicht ohne Schmerzen vollzogen wurde, bekundet die Notiz: «Durch mein ganzes restliches Leben begleitet mich ein unangenehmes Gefühl, dass ich ein Deserteur bin. Ich habe das kranke Kind, die Medizin, das Krankenhaus verraten. Ich habe mich von einer falschen Ambition tragen lassen: Arzt und „Bildhauer" der Kinderseele ... Und dafür habe ich mich auf den Universitäten der drei Hauptstädte Europas herumgeschlagen...[20]»

In der Warschauer Krochmalna 92 konnte KORCZAK aber der ärztlichen Berufung treubleiben, gleichzeitig seine pädagogischen Ahnungen, Gefühle und Vorstellungen konkretisieren[21]. Was fand er vor?

«Ins Waisenhaus kamen Kinder aus dem Dschungel des Lebens, aus den Armenvierteln, der Prostitution, der Erniedrigung und der Härte. Diese Kinder brachten Ängste und Furcht mit sich, Gewohnheiten des Selbstschutzes vor Erwachsenen, Misstrauen gegenüber der Welt, Argwohn und eine Wertskala, die auf Gerissenheit und Betrug basierte», erinnert sich Joseph ARNON, KORCZAKS innigster Freund[22].

«Ich habe wohl nicht erwähnt, daß in der Krochmalna hauptsächlich Halbwaisen Aufnahme fanden, d.h. Kinder, die Mutter oder Vater hatten oder wenigstens eine Tante oder Großmutter, die sich für sie interessierten. Die Bande zur natürlichen Umwelt sollten nicht zerrissen werden. Diese vielfältigen Bande zu einem differenzierten Milieu erschienen dem Doktor äußerst wichtig, als Kontakt zum wirklichen Leben. Von den Familien kehrten unsere Zöglinge bisweilen nachdenklich und oft traurig und niedergeschlagen heim», berichtete Michał WRÓBLEWSKI[22a]

Hanna MORTKOWICZ-OLCZAKOWA schildert die Welt des Kinderhauses: «Die Kinder im Waisenhaus in der Krochmalna kannten keinen Kasernendrill, keine Angst, keinen Zwang und kein Denunziantentum. Das Verhältnis zu ihrem winzigen Eigentum, die

DOM SIEROT, Haus der Waisen, Krochmalna 92

Berücksichtigung ihrer Neigungen und Wünsche, das gute Essen auf sauber gedeckten Tischen, die Atmospäre des Vertrauens und der Zärtlichkeit – all das ähnelte der Lebensweise einer in guten Verhältnissen und in Harmonie lebenden Familie ...[23]»

In einem Rechenschaftsbericht des «Haus der Waisen» schrieb KORCZAK: «Wer glaubt, dass unser Programm zu hoch gegossen ist, der möge daran denken, dass man sehr hoch fliegen muss, um beim langsamen Fallen doch noch eine breite Strecke hinter sich zu bringen. Wem dieses Programm vielleicht phantastisch vorkommt, der denke daran, dass es nicht genügt, einen Motor aus Metall zu haben, um in den Höhen zu segeln, man benötigt auch Flügel[24].»

Im «DOM SIEROT» ist sein medizinisches, künstlerisches, architektonisches Wissen mit den pädagogischen Erleuchtungen zur Übereinstimmung gekommen. Wie sehr KORCZAK am Planen und Reifen dieses Hauses Anteil nahm, bekannte er später:

«Niemals habe ich das Gebet der Arbeit und die Schönheit einer sachlichen Tätigkeit besser verstanden. Was heute noch als kleines Viereck auf dem Bauplan zu sehen war, nahm morgen die Gestalt eines Saales,

20

eines Zimmers, eines Korridors an. Gewohnt an Auseinandersetzungen über Ansichten, Grundsätze und Überzeugungen sah ich hier mit eigenen Augen, wie ein Bauwerk entstand. Jede leichthin getroffene Entscheidung war eine Anweisung für den Handwerker, der sie auf Dauer verwirklichte. Jede Idee muss genau erwogen, auf die entstehenden Kosten hin berechnet und auf ihre Möglichkeit und Zweckmässigkeit überdacht werden. Mir will scheinen, dass ein Erzieher für seinen Beruf nicht vollwertig ausgebildet ist, wenn er nicht weiss, dass man aus Holz, Blech, Pappe, Stroh und Draht eine Vielzahl von Gegenständen herstellen kann, die einem die Arbeit erleichtern und vereinfachen, wertvolle Zeit und manche Überlegungen sparen. Ein kleines Regal, eine Platte, ein Nagel, an der richtigen Stelle angebracht, werden gravierende Fragen lösen können ...[25]»

Reformpädagogischer Aufbruch

Was der Doktor im Laufe der Jahre an pädagogischen Einfällen, an Intuition und Experiment genutzt hat, entdeckt der Leser in KORCZAKS «*Gertrud*»: «*Wie man ein Kind lieben soll.*»
Alle Ordnungen dienten dem Individuum und der Gemeinschaft, «*Hausherr, Mitarbeiter und Leiter des Hauses wurde – das Kind. Alles ... ist ein Werk der Kinder, nicht das unsrige ...[26]*»
Igor NEWERLY sieht im KORCZAKschen Experiment die Bemühung, «ein Höchstmass an Initiative, Selbständigkeit und einträchtigem Zusammenleben der Zöglinge in ihrer organisierten jungen Gemeinschaft zu erreichen»[27]. Auch mit diesem Konzept steht KORCZAK im grossen reformpädagogischen Aufbruch Europas.
Einen entscheidenden Erziehungsfaktor sah KORCZAK in der *Arbeit*. Stanisław ROGALSKI teilt mit: «KORCZAK war ein Befürworter der physischen Arbeit eines jeden Menschen ... sein Ideal war, bis an die Leidenschaft grenzende Arbeitsamkeit ...[28]» Diesem Ideal entsprachen auch die Dienste des einzelnen innerhalb der KORCZAKschen Kinderhäuser. NEWERLY berichtet: «Die Kinder sorgten für Sauberkeit und Ordnung im Haus, halfen in der Küche, im Essraum und in der Bibliothek, betreuten die im Unterricht Schwächeren und die Kranken, und sie arbeiteten für den Bedarf der Anstalt in der Wäscherei, der Buchbinderei und in der Tischlerwerkstatt. Diese Dienstleistungen suchten sich die Kinder selbst aus ...[29]», und ROGALSKI konkretisiert: «Neben dem Haupteingang des NASZ DOM (Unser Haus) hingen auf einem „Ehrenplatz" Arbeitsutensilien der Kinder: Besen, Staubsauger, Lappen und

Giesskannen. KORCZAK meinte, dass die Kinder von klein auf bis zur Verselbständigung sich an den kleinen Hausarbeiten beteiligen sollten, um bestimmte Gewohnheiten anzunehmen, um die Abneigung gegen Arbeit und Anstrengung stufenweise zu überwinden ..., das hätte eventuell sogar zu einem Arbeitskult führen können[30].»

Der tägliche Umgang mit seinen Kindern im «DOM SIEROT» inspiriert KORCZAK zu reizvollen pädagogischen Skizzen. Es entstehen *«Bobo»* (1913), *«Schmetterlingsbeichte»* (1913), *«Eine Unglückswoche»* (1913) – geschrieben vielleicht im vierten Stock des Waisenhauses, denn hier «residierte» der Doktor, hier hatte er sein Zimmer: seinen Schreibtisch mit der grünen Lampe, auf dem das Bild der Mutter stand, das Milchkännchen für die Maus, der Terminkalender mit bestimmten Zeichen lag, und der Abreissblock*.

Materielle Schwierigkeiten

KORCZAK hatte zeitlebens materielle Schwierigkeiten mit seinen Häusern. Im Jahre 1933 schrieb er: «Ein Vierteljahrhundert. Ein Zeitraum, der durch tägliche Massnahmen zur Erhaltung der Institution und zur Schaffung ihrer guten Tradition ausgefüllt war. Ein kurzes Fragment; eine lange Zeit im Leben einer Generation ... Der Horizont ist getrübt. Wieder gibt es Sorgen um den nächsten Tag. Nicht nur um die Vergrösserung der Anstalt; uns fehlt es an Mitteln, die derzeitige Lage zu erhalten. Wir haben keine Reserven.» An die Gesellschaft «Hilfe für Waisen» appelliert er: «Von Euch hängt es ab, Ihr treuen Vorkämpfer für die gemeinsame Sache: das Waisenkind. Wir können nicht glauben, dass das Bestehen der Institution in Gefahr sein sollte.» Ida MERŻAN merkt an: «KORCZAK bedankte sich nicht für die Spenden. Er sah sie als Pflicht an[31].»

Einem Redakteur bekennt KORCZAK 1942: «Ich danke Ihnen für die freundliche Beurteilung der Arbeit des Waisenhauses. Aber: Platon ist mir lieb, die Wahrheit lieber ... Das Waisenhaus war, ist und wird nie ein KORCZAK-Waisenhaus sein. Es ist zu klein, zu schwach, zu arm, um beinahe 200 Kinder aufzunehmen, einzukleiden, zu ernähren, zu lehren und in das Leben einzuführen. Diese

---

* So sah es Joseph ARNON, mitgeteilt dem Verfasser.

grosse Arbeit ist das Ergebnis einer gemeinsamen Anstrengung vieler Hunderte von Menschen guten Willens und mit Verständnis für die Angelegenheit des Kindes ... des Waisenkindes. Unter ihnen gibt es viele schöne Namen, es gibt aber auch viele namenlose ... ihre Arbeit, Hilfe, Rat und Erfahrung haben mit an den materiellen und ideellen Werten dieser Werkstatt gebaut: WILCZYŃSKA, POZÓWNA, KORCZAK (wenn man Namen unbedingt nennen soll), das sind die Beamten und Administratoren mit beachtlicher Fortune[32].»

Im Krieg empfangen: «Wie man ein Kind lieben soll»

Der Ausbruch des Ersten Weltkrieges unterbricht erneut KORCZAKS pädagogische Arbeit. Als Arzt im Felde notiert und vollendet er auf dem Weg zur Front, in Feldlazaretten, seine Entwürfe für das Vermächtnis «Wie man ein Kind lieben soll».

«Es ist überflüssig zu sagen, dass die „Gertrud" des grossen Sohnes der Schweiz – PESTALOZZI – ein Meisterwerk im 19. Jahrhundert war, so wie KORCZAKS Buch „Wie man ein Kind lieben soll" ein pädagogisches Meisterwerk des 20. Jahrhunderts ist», urteilt Joseph ARNON[33].

Hanna MORTKOWICZ-OLCZAKOWA charakterisiert dieses Buch als «Werk der Eingebung»[34].

Wie intensiv KORCZAK mit der Niederschrift beschäftigt war, beschreibt seine Biographin:

«Der Militärarzt Henryk GOLDSZMIT, dessen Gedanken mit anderen Dingen beschäftigt waren, nahm alles nur oberflächlich zur Kenntnis. Von den Krankenbetten, von der Lazarettapotheke rannte er zu seinem Manuskript, in dem er seine Gedanken über die Erziehung der kleinen Menschlein niederzulegen versuchte. Er vernachlässigte seine Ernährung, er trug eine zerknitterte Uniform und hatte einen geistesabwesenden Blick; er schaute die Kranken freundlich an und legte mit einem entwaffnenden Lächeln seine Hände auf die Köpfe der Dorfkinder ...[35]»

KORCZAK wird von seiner Einheit nach Kiew abgeordnet; zunächst ist er in einem Hort für ukrainische Kinder beschäftigt, ärztlich und erzieherisch. In Kiew erfährt KORCZAK eine für seine pädagogische Orientierung entscheidende Begegnung: Maryna ROGOWSKA-FALSKA leitete hier ein Internat für polnische Jungen. Der Militärarzt, Literat und schon erprobte Erzieher trat in einen gestörten, durch den Krieg korrumpierten Erziehungsraum, gewann schnell die Herzen der Kinder – aber ihn quälte das Heimweh nach Warschau: «Er sehnte sich nach Warschau. Er lebte damals irgendwo im Souterrain in völliger Selbstverleugnung ...[36]»

Nach vier Jahren kehrte KORCZAK endlich nach Warschau heim: «Zu Hause wartete seine Mutter voll Ungeduld auf ihn. Den ganzen Krieg über erhielt sie von ihm liebevolle Briefe, und immer hatte sie davon geträumt, den Tag seiner Rückkehr zu erleben ...[37]»

Nasz Dom – pädagogische Erprobung

Im kleinen Empfangsraum des «NASZ DOM» in Warschau wird der Besucher noch heute vom Foto einer Frau beeindruckt: Maryna FALSKA.

Igor NEWERLY kannte diese politisch und pädagogisch emanzipierte Frau und gibt zu ihr diese Daten: geboren 1878; einer adligen Familie entstammend, beginnt sie mit sozial angelegter Bildungstätigkeit bei der Warschauer «Gesellschaft für Wohltätigkeit»; Eintritt in die Polnische Sozialistische Partei, 1901 verhaftet und in der Warschauer Zitadelle gefangengehalten, Verbannung nach Russland, Heimkehr nach Łódź, illegale Arbeit unter dem Namen «Hilda», Heirat mit Dr. Leon FALSKI, nach dem Tod des Mannes und ihres einzigen Kindes Erzieherin in Kiew, 1919 Gründung der Anstalt «NASZ DOM» («Unser Haus») in Pruszków, später in Warschau-Bielany.

In dieser Zeit ist Janusz KORCZAK für Maryna FALSKA das unumstrittene Vorbild. Nach 18 Jahren ungetrübter Freundschaft, gemeinsamer Sorge – unter oft schweren Bedingungen –, kommt es zu Zusammenstössen. Sie trennen sich, unversöhnlich in ihren Ansichten, trotz gegenseitiger Achtung und Verbundenheit. Diese Verbundenheit hielt sich bis zuletzt, als sie alles tat, um KORCZAK aus dem Warschauer Ghetto zu retten. Am 7. September 1944 starb Maryna FALSKA an Herzschlag, sie ist beerdigt auf dem Militärfriedhof in Powązki, Warschau[38].

In Erinnerung an die gemeinsame Arbeit in Kiew hatten KORCZAK und Maryna FALSKA 1919 beschlossen, in Warschau ein Kinderhaus zu eröffnen, zunächst in Pruszków, Cedrowastrasse. Die dürftigen Anfänge liessen aber ihren Mut nicht schwinden, «NASZ DOM» 1928 nach Warszawa-Bielany zu verlegen.

Nasz Dom, Unser Haus, Warschau-Bielany

Über die Grundsätze und Ziele der erzieherischen Arbeit im «Nasz Dom» schreibt Maryna Falska:

«Wir möchten nach den Grundsätzen der Gerechtigkeit, Brüderlichkeit, der gleichen Rechte und Pflichten eine Gemeinschaft der Kinder organisieren. Da sich jedoch vorläufig nichts Besseres bietet als die Form, in der die Gemeinschaft der Erwachsenen zusammenlebt, werden wir diese nachahmen und sie auf die Bedürfnisse und Eigenheiten der Kindergemeinschaft zuschneiden. Den Zwang wollen wir durch freiwillige Anpassung an die Normen des Gemeinschaftslebens ersetzen. Die tote Moralfloskel wollen wir durch freudiges Streben nach Vervollkommnung und Selbstüberwindung aus der Welt schaffen. Wir wollen das Kind nicht kneten und ummodeln, sondern wir wollen es verstehen, uns mit ihm verständigen. Wir wollen den Kindern helfen bei der Erneuerung ihrer versklavten und bettlerhaft gewordenen Seele, beim Abstreifen des Schmutzes, der die von den Erwachsenen angesteckte Kindergemeinschaft durchsetzt und beherrscht. Ihr eigenes Leben soll sich herausbilden, die Kräfte sollen erprobt, die moralische Stärke und die Entwicklungstendenz gefördert werden. Im Vordergrund steht das Kennenlernen. Wir müssen behutsam und langsam zu Werke gehen und uns in der Zusammenarbeit selbst bilden und erziehen[39].»

Dieses pädagogische Konzept befand sich so sehr in Übereinstimmung mit Korczaks Vorstellungen, dass nun auch «Nasz
Dom» neben «Dom Sierot» seine Lebensaufgabe wurde. Von
einem «Stückchen der erträumten Kinderherrschaft» spricht
Hanna Mortkowicz-Olczakowa, wenn sie über die Organisa-
tion des gemeinschaftlichen Lebens in den beiden Erziehungs-
stätten berichtet: vom Kindersejm, dem Kameradschaftsgericht,
dem Gesetzbuch, der Zeitung und ähnlichen Einrichtungen der
Selbstverwirklichung des Kindes, wie sie der Doktor, fünfund-
vierzigjährig, mit dem ganzen Reiz und der Problematik solcher
Einrichtungen im utopischen Reich von «König Hänschen I.»
märchenhaft beschrieben hat[40].

Korczaks «Beziehung zum Kind war nicht philosophisch-theo-
retisch, sondern betont empirisch. Sie bedachte vier Faktoren: die
Vererbung, die *Umgebung,* die *eigene Aktivität des Kindes* und die *Erziehung.* Seine Erziehungsmethode war, eine passende Lebens-
situation zu schaffen, in der der Zögling, entsprechend seinen individuellen Gegebenheiten, sich versuchen kann. *„Du musst die
Schichten kennen, aus denen deine Zöglinge kommen"*! Auf dieses pädagogische Credo gründete Korczak sein Kinderreich», betont
Arnon[41]; das ist nüchtern, realistisch, die Anerkennung der «In-
dividuallage», von der Johann Heinrich Pestalozzi aus Zürich
100 Jahre vorher wusste.

Dem «Nasz Dom» war eine Experimentalschule angegliedert.
Stanisław Rogalski, Lehrer an dieser Schule, die allerdings nur
zwei Jahre bestand, hat in seinem Giessener Symposionbeitrag
über das Schulexperiment im «Nasz Dom» berichtet[42].
Die Losung der Schule war: «Du wirst Vater – Du wirst Mutter.»
Rogalski erzählt: «Als ich den „Senat der Verrückten" von
Korczak las, habe ich das Fragment eines Gesprächs zwischen
einem Oberst, einem Börsenspekulanten, einem Arbeiter und einem Homosexuellen entdeckt. Letzterer sagt: „... An den Mauern
der Schulen sollte nicht die sinnlose Parole stehen: „Fraternité,
Liberté", sondern das reale Programm: „Du wirst Vater, Du
wirst Mutter" ... Wir werden so immer vollkommenere Men-
schen erziehen, Irrenhäuser werden nicht mehr nötig ..."[43]»
In der Experimentalschule wurde alles, was die Kinder gesehen
und gehört hatten, diskutiert, gemalt, geformt, gestaltet. Eine
Ecke in der Klasse war für eine Ausstellung der angefertigten
Arbeiten bestimmt. Auch lernten die Kinder die verschiedenen
Berufe kennen, es gab keine diskriminierenden Zensuren, die Be-

Maryna Falska 1877–1944

«Röschen», Sommerkolonie für Kinder

wertung von Leistungen erfolgte durch Mitspracherecht der Kinder nach einem Punktesystem. Es gab in KORCZAKS Schule kein Klingelzeichen und keine festgesetzten Pausen, die Kinder konnten sich in der Klasse frei bewegen, den Platz wechseln, während des Unterrichts weggehen und wiederkommen. Eine Liege ermöglichte den Müden eine Ruhepause.

Stanisław ROGALSKI urteilt über KORCZAK, dass er stets zu «einer bitteren Beurteilung der eigenen Arbeit, zu einem ehrlichen Eingeständnis der gemachten Fehler fähig gewesen sei»[44]. Dies gilt auch für die Arbeit in der dem «NASZ DOM» angegliederten Schule in den Jahren 1932–1934.

Korczaks pädagogisches Credo

Nach einer lebensvollen Beschreibung der Innovationen an KORCZAKS Schule resümiert ROGALSKI:
«KORCZAKS Ziele waren:

– *Der neue Mensch muss die ihn umgebende Welt verstehen, er muss die Veränderungen, die eintreten, sehen, sich ihnen anpassen und Motor von neuen Veränderungen sein;*

- *man darf das Gedächtnis des Kindes nicht mit unnötigem Ballast von Informationen füllen, sondern es darauf vorbereiten, die gegenwärtigen Daten in die Daten der Zukunft umzuwandeln;*

- *man muss die Rechte ändern, die nur den Erwachsenen die Macht geben und die Welt des Kindes übersehen. Nur eine andere Erziehung der Kinder und die Vergabe von gleichen Rechten wird die Welt verändern;*

- *die Erziehung zu voller Toleranz wird erst zum Frieden in der Welt führen. Wenn wir diese Grundsätze frühzeitig den Kindern einprägen, werden ihre Enkel keine Kriege mehr kennen;*

- *ein guter Vater und eine gute Mutter sind die Grundlage natürlicher Liebe und Achtung. Mit Gewalt und Befehl werden wir Liebe und Achtung nicht erreichen.»*

KORCZAKS «pädagogische Liebe kannte die Grenzen der Erziehung. Wie die Anhänger der Freien Erziehung verneinte auch er den Zwang und die militärische Dressur. Er war der naturalistischen Strömung in der Erziehung nahe, die erklärte, dass das Kind aus der Notwendigkeit des inneren Gleichgewichts zum „Selbstverbessern" neigt, aber er unterschied sich von ihr in der Ansicht, dass die Erziehung die Kraft zum Alleskönnen hat. Obwohl er voller Begeisterung und Vertrauen zur Erziehung des Menschen war, betonte er immer wieder, dass man unter den Kindern genau so viel schlechte Menschen finden kann wie unter den Erwachsenen, in der Welt der Kinder finde man alle "Typen" …», schreibt der befugte Joseph ARNON [45].

Sorge für Erzieher

Weitsichtig war KORCZAKS *Idee zur Ausbildung künftiger Waisenhauserzieher*: «Bursa». Ida MERŻAN, langjährige Leiterin des KORCZAK-Kindergartens in Gocławek, selbst aus der «Bursa» hervorgegangen, sagt dazu: «Die Bursa erfüllte drei Aufgaben: 1) Sie ermöglichte der unbemittelten, auswärtigen Jugend das Studium in der Hauptstadt. 2) Die Studenten traten an die Stelle des zu entlohnenden Personals – was eine grosse Ersparnis für die aus philanthropischen Fonds unterhaltenen Heime bedeutete. 3) Das Wichtigste war jedoch die Vorbereitung der Engagierten auf die pädagogische Arbeit [46].»

Stefania Wilczyńska 1886–1942, genannt Frau Stefa

Die beiden Bursen gehörten zum «DOM SIEROT» und zu «NASZ DOM». «Dr. KORCZAK, zusammen mit Stefania WILCZYŃSKA und Maryna FALSKA, seinen engsten Mitarbeiterinnen, beobachtete aufmerksam die Jugendlichen in der Bursa und suchte die Begabtesten, die später an ihre Stelle treten sollten, heraus», teilt Ida MERŻAN mit, und sie erinnert sich: «Wir standen zusammen mit den Kindern um 6 Uhr morgens auf. Die Mahlzeiten nahmen wir gemeinsam mit den Kindern ein, wobei jeder von uns an einem anderen Tisch sass. KORCZAK und Frau Stefa sassen in der Mitte, um jedes Kind sehen zu können. An KORCZAKs Tisch ging es oft sehr lustig zu; er sprach mit ernster Miene, aber so witzig, dass die in der Nähe sitzenden Kinder schallend lachten. Manchmal waren es Anzüglichkeiten, bezogen auf die Studenten oder auf die Kinder, die weiter entfernt sassen ...[47]»

Stefania Wilczyńska

Es ist hier an Stefania WILCZYŃSKA, «einer Frau mit grossem Herzen und leuchtendem Mut» zu erinnern, geboren am 26. Mai 1886. Aus einem Brief wissen wir von ihr: «Ich habe das Gymnasium in Warschau in der Zeit der russischen Herrschaft beendet, ich habe Kurse in der FRÖBELschen Methode absolviert. Ich habe ein halbes Diplom für Naturwissenschaften von der Universität in Liège, Belgien ...[48]»

Fünfundzwanzig Jahre alt war Frau Stefa, als sie in die Krochmalna 92 kam, sie entstammte einer jüdischen Familie in Warschau; sie wurde 1942 mit KORCZAK und den Kindern ermordet.

Zur geschichtlichen Situation

Zur Beurteilung der politisch-gesellschaftlichen Situation in Polen der zwanziger und dreissiger Jahre muss man wissen, dass der 1918 entstandene Staat für viele Patrioten «die Erfüllung jahrzehntelangen Sehnens und Strebens war». Es folgten die wenigen Jahre, «in denen die polnische Nation ihr Schicksal selbst zu bestimmen und zu gestalten vermochte»[49]. Diese innere und äussere Unabhängigkeit begünstigte natürlich auch eine neue Orientierung der Erziehung. Das Kind, der Bürger und freie Pole von morgen, stand im Mittelpunkt einer fortschrittlichen Sozialgesetzgebung. Oskar HALECKI dazu in seiner «Geschichte Polens»:

«Der Achtstundentag, die Kontrolle der Arbeitsbedingungen im Hinblick auf den Schutz von Frauen und Jugendlichen, Schiedsgerichte zwischen Arbeitgebern und Arbeitnehmern, all dies wurde nach und nach in die Sozialgesetzgebung der Republik eingeführt. Das System der Sozialversicherung Polens war den meisten anderen Ländern voraus im Hinblick auf die Unterstützungsleistung aus der öffentlichen Hand, welche die private Fürsorge wirksam ergänzte ...

Ein bezeichnender Grundzug der polnischen Unterstützungsmethode war ihr Respekt vor der Würde des einzelnen Menschen und seinem Familienleben. So entwickelte sich eine Art von „Heimhilfe". Es war die Regel, arme Kinder und Waisen lieber in Familien statt in Instituten unterzubringen. Eine halbe Million Kinder wurde jedes Jahr geboren. Zu ihrem Schutz wurde den städtischen Arbeitern weitgehende Hilfe zuteil, und auf dem Lande gab es Kinder-Sommerlager, die auch der Landbevölkerung zugute kamen. Die zweifellos dringendste Notwendigkeit war die Erweiterung und der Aufbau eines Elementarschulsystems und die Verbreitung der Erwachsenenbildung, wiederum besonders in den früher russischen Provinzen, die in dieser Hinsicht bisher vernachlässigt worden waren. Das Ergebnis war, dass selbst in den rückständigsten Gegenden das Analphabetentum schnell zurückging, das der Staat dort vorgefunden hatte ...[50]»

Man sollte annehmen, dass diese nationale Bildungsbewegung durch KORCZAKs Schriften, Vorträge und Rundfunkansprachen beflügelt wurde. KORCZAK blieb aber der «verkannte Pädagoge seiner Epoche», der nicht gewollte Prophet. Stanisław ROGALSKI sagte dazu 1973 in Basel: «KORCZAK ist nicht in der besten Entwicklungsphase Polens als Tribun und Verteidiger der Rechte des Kindes aufgetreten. Der polnische Staat – kaum wiedererstanden nach 150 Jahren Unterdrückung und beeinflusst durch die in dieser Zeit vertretenen Kulturen der Unterdrücker – hatte wichtigere Probleme zu lösen als die der Kinder. Drei verschiedene, verpflichtende Zivil- und Strafrechte, drei verschiedene Wirtschafts-, Landwirtschafts- und Industriesysteme, all dies hatte man – möglichst schnell – auf einen Nenner zu bringen, so wie es am günstigsten für den neuerstandenen Staat wäre. In bezug auf die Er-

Korczak mit Kindern aus dem Waisenhaus

ziehung wurde anfangs die Richtung staatlicher und nationaler Erziehung angenommen, und im Rahmen dieser Richtungen konnte man sich nicht auf eine Erziehung einigen, welche individuellen Tendenzen den Vortritt gab.

KORCZAK *war sich bewusst, dass er mit einer Erziehungsidee auftrat, die durch die offiziellen staatlichen Behörden nicht akzeptiert wurde. So blieb er allein und wurde bekämpft.*

Von Anfang an stand KORCZAK in einer Ecke, die weder von der gesellschaftlichen noch von den offiziellen Behörden approbiert war.

Er gewann allerdings volle Anerkennung als aufopfernder Betreuer und Erzieher von Waisenkindern.

Freund der Kinder im Jahrhundert des Kindes

In jener Zeit fanden viele hervorragende Leute auf der Welt und in Europa, dass es Zeit sei, der Sache der Kinder grössere Aufmerksamkeit zu widmen. Aber Europa hatte nach dem Ersten

Weltkrieg viele politische, ökonomische, nationale und andere Probleme zu lösen, so dass der damalige Ruf nach Rechten für das Kind in vielen Ländern ungehört blieb. Zu diesen Ländern zählte Polen, welches als neuerstandener Staat zu arm war, um sich für Postulate, welche den Angelegenheiten der Kinder Vorrang gaben, zu engagieren ...[51]»

Noch deutlicher wurde Igor NEWERLY:

« Er war allen fremd, jedoch überall respektiert als ordentlicher „Ausländer". Die Polen vom nationalen und katholischen Lager konnten ihm seine jüdische Abstammung nicht verzeihen. Die nicht-assimilierten Juden sahen in ihm einen polnischen Schriftsteller, der die polnische Kultur vertritt. Die polnische Linke, vor allem die aktivrevolutionäre Jugend, hat er durch Skepsis und dadurch abgestossen, dass er die Sache des Kindes nicht mit dem Kampf um die Änderung der gesellschaftlichen Ordnung verband. Für die Konservativen und die „Sanacja" war er linksstehend. In der literarischen Gesellschaft stand er ausserhalb der neuen Richtungen und Gruppen – ein gutes Talent zwar – aber quasi „unehelich" – aus der Pädagogik hervorgegangen. Die Pädagogen erschreckte er mit dem Temperament des Enthüllers und Tribunen. Er weckte bei ihnen Zweifel, ob dieser ganze KORCZAK nicht doch Literatur sei. In Zeiten von Hass, Zynismus und Verwilderung, angesichts eines Krieges ..., wer benötigt da schon einen Humanisten und Denker, sein Werk, sein Herz ...[52]»

Beginnender Antisemitismus

KORCZAK sah Eretz Israel. Sein Freund ARNON weiss:

«Am 24. Juli 1934 kam KORCZAK zu Schiff in Haifa an. Nur für drei Wochen. Sein Plan war, die Vergangenheit einzusaugen, eine Stütze zum Nachdenken über die Gegenwart zu finden und vielleicht einen Weg in die Zukunft zu bahnen. ...

Der Tod PIŁSUDSKIS (1935) – in Józef PIŁSUDSKI sah KORCZAK einen Patrioten, der für Polens Freiheit kämpfte – traf ihn tief; die faschistische extreme Rechte erhob ihr Haupt, und offener Antisemitismus überschwemmte ganz Polen. Mehr und mehr wurden die Juden aus dem gesellschaftlichen, Kultur- und Wirtschaftsleben verdrängt: hie und da erschienen Boykottwachen, und es kam zu Ausschreitungen gegen Juden. KORCZAK fing an zu fühlen, dass der Boden unter den Füssen der Juden brennt – und wandte seinen Blick nach Eretz Israel ...

In Polen zog sich der Strick auch um seine Kinder in der Krochmalna 92 zusammen. Die Nachbarn des Waisenhauses belästigten die Kinder: „Dreckige Juden", „Juden nach Palästina", Aufschriften an den Hauswänden: „Juden ins Ghetto" Zwei Betrunkene erschreckten seine Kinder mit Rufen: „Gib eine Pistole, ruf Hitler …", alles ringsherum war erschüttert, und die Erde bebte unter den Füssen der Juden. KORCZAK näherte sich der zionistischen Pionierjugend, schloss sich dem nichtzionistischen Teil der Jewish Agency an, und in einem Brief an mich vom 30.3.1937 kündete der Positivist in ihm an: „Eretz Israel muss, wenn ich nicht irre, ein zweiter Völkerbund sein; Genf, – ist ein Parlament der Regelung materieller Dinge, Krieg, Morden, Arbeit, Hygiene, Erziehungsmethoden und Massenerziehung. – Jerusalem ist der Mittelpunkt des individuellen Lebens, der Geist seine Bestimmung und sein Recht auf Bestehen" [53].»

KORCZAK vertrieb dann doch seine Gedanken an eine Auswanderung und blieb seinem Warschau und Polen treu. –

Korczak in Eretz Israel 1934

Im Jahre 1931 hatte Janusz KORCZAK ein Drama geschrieben: «Senat der Verrückten», in dem er prophetisch den heraufdämmernden Wahnsinn der Menschheit ankündigt ...
Die Septembertage von 1939 eröffnen dann die große Schoa. Der polnischen Freiheit ist schnell ein Ende gemacht; der 61jährige Warschauer Jude Henryk GOLDSZMIT – Janusz KORCZAK trägt noch einmal symbolisch den Militärrock mit dem Adler. Das polnische Heer brauchte aber keinen Militärarzt mehr ... es begann KORCZAKS totale Verteidigung des Kindes ...

«Man sagt: Wir haben eine Krise der Moral. Andere nennen dies Inflation und Entwertung des Menschen. Vielleicht ist es das nicht, sondern nur eine vorübergehende, drohende Brise. Eine drohende, denn das Fundament der Waisenfürsorge und jeder Erziehung ist der Glaube an den Wert und die Würde des Menschen und der Menschheit ...»

(KORCZAK, Tatsachenbilanz, in: Von Kindern und anderen Vorbildern, Gütersloh 1979, S. 136)

«Was für ein Glück, daß Ärzte und Polizei mir nicht vorschreiben können, wie oft ich pro Minute atmen darf und wie oft mein Herz das Recht zu schlagen hat ...»

(KORCZAK, Erinnerungen, Warszawa 1958, dt. in: Das Recht des Kindes auf Achtung, Göttingen 1970, S. 262)

«Das Kind braucht Bewegung, Luft, Licht — einverstanden, aber auch noch etwas anderes. Den Blick ins Gelände, das Gefühl der Freiheit — ein offenes Fenster ...»

(KORCZAK, Das offene Fenster, in: Verteidigt die Kinder, Gütersloh 1978, S. 35)

«...Das Ganze fügt sich aus Kleinigkeiten zusammen. Über die zerschlagene Scheibe und das zerrissene Handtuch, den schmerzenden Zahn, den erfrorenen Finger und das Gerstenkorn im Auge — den verbummelten Schlüssel und das gestohlene Buch; das Brot, die Kartoffeln und fünf Deka Fett — durch tausendfache Tränen, Klagen, Unrecht und Schlägereien — durch das Gewirr von Bösem, Schuld und Fehlern — muß man sich hindurchkämpfen und sein heiteres Gemüt bewahren, um zu lindern, zu stillen, zu versöhnen und zu verzeihen, um das Lächeln gegenüber dem Leben und den Menschen nicht zu verlieren...»

(KORCZAK, Die Kaste der Autoritäten, Warschau 1927)

«Unsere Schule ist eine Kaserne. Die Kinder machen wir mit Uhren in der Hand zu Mannequins, wir gleichen ihre Charaktere an, ordnen ihre Initiative aus. Wir haben die Kinder numeriert, haben eine mit Tausenden von Gesetzen, Verordnungen und Anordnungen dem Gefängnis ähnliche Disziplin eingeführt. Wir führen mit ihnen kluge Reden, die zum sophistischen Verständnis beitragen sollen. Die Kinder bekommen fast keine Luft in diesem brutalen, kalten, künstlichen Leben, das ohne jegliche Poesie ist...»

(KORCZAK, Von Kindern und anderen Vorbildern, Gütersloh 1979, S. 51)

An den Pforten der Hölle:
KORCZAK und seine Kinder

Steinerne Welt des Ghettos

Die ersten Häftlingstransporte aus dem besetzten Warschau erfolgten 1940; im gleichen Jahr rüsteten die Nationalsozialisten zur «Endlösung der Judenfrage». Diesem Ziel diente auch die Verordnung vom Oktober 1940 zur Errichtung des Warschauer Ghettos. Am 31. Oktober wurde der Ghettobezirk endgültig festgelegt, und die Tore schlossen sich[1].

Witold WIRPSZA schildert die Ereignisse so: «Im ersten Okkupationsjahr zwangen die Nationalsozialisten in eigentlich fast allen polnischen Städten die jüdische Bevölkerung in abgegrenzte, mit einer Mauer eingezäunte Ghettos; diese Zusammenpferchung bildete den ersten Schritt zur beabsichtigten Ausrottung. Das grösste dieser Ghettos war dasjenige von Warschau, im Zentrum der Stadt gelegen, eine Enklave des Grauens inmitten einer Stadt voll diffusen Terrors, einer Hungertodesinsel im Meer der langsam quälenden Aushungerung Warschaus, die Stätte des höchsten Unrechts unter dem allgemeinen Unrecht ...[2]. Igor NEWERLY, langjähriger Mitarbeiter Janusz KORCZAKs, schätzt die Zahl der Eingepferchten auf über eine halbe Million[3].

In diese 403 Hektar grosse «Steinerne Welt»[4] musste auch Dr. KORCZAK mit seinen Kindern einziehen. Stanisław ROGALSKI erinnert sich an diesen Tag: «Das letztemal war ich dabei, als die Waisenkinder vom Waisenhaus in der Krochmalna 92 ins Ghetto übersiedelt wurden. Die Kinder konnten nur das mitnehmen, was sie tragen konnten; sie gingen zu zweit, an der Spitze des Zuges ein weiss-rotes Transparent und am Schluss der Judenstern. Die Kinder sangen ein auch im Deutschen bekanntes Lied. Die Deutschen hatten es begriffen und darauf den Doktor herausgerissen und in Arrest genommen. Das ist meine letzte Erinnerung an KORCZAK, an den alten gebeugten Mann, der hin- und hergestossen wurde ...[5]

Das von Janusz KORCZAK mit seinen Kindern bezogene Haus innerhalb des Ghettos war die ehemalige Kaufmann-Ressource. Michael ZYLBERBERG, Freund und Schicksalsgefährte KORCZAKS, notiert in seinem «Warsaw Diary 1939–1945», dass der Doktor es für wichtig gehalten habe, den Haupteingang zum Ghetto-Waisenhaus in der ulica Chłodna 33 zuzumauern. Die Bewohner hielten dies für seltsam, aber KORCZAK wollte soviel wie möglich von den Deutschen abgeschnitten sein, denn «seit seiner Entlassung aus dem Gefängnis war er sehr nervös, fürchtete praktisch seinen eigenen Schatten, und unser Haus war nur eine kurze Entfernung von den Ghettogrenzen entfernt und die Deutschen dahinter ...[6]»

Nr. 84

TOW. „POMOC DLA SIEROT"
ul. Krochmalna 92.

Otrzymano od W. P. *Wójta Stanisława Krupki*

ulica *Wawer*

~~Ofiarę w pracy~~

Ofiarę w przysłudze

Ofiarę w dobrej radzie

DYREKTOR DOMU SIEROT

UWAGA. Drażniący jest brak kwitariusza, który potwierdza dobrą wolę pomocy nie w formie zasiłku pieniężnego lub przedmiotu o materialnej wartości, ale czegoś równie cennego,–współpracy uczuciem, myślą, wysiłkiem dobrej woli.

Warszawa, d. *listopad* 1940

Karteikarte des Vereins «Hilfe für Waisen» mit Eintrag möglicher Hilfe: Arbeit, Gefälligkeit, guter Rat

Sorge für die Kinder

Unter den «Bedingungen des unaufhörlichen Grauens» (NEWERLY) *versuchte* KORCZAK *in diesem Haus seinen Kindern noch einen Rest unbekümmerten Lebens zu sichern:* dafür ging er betteln, «bereit, einen höllischen Krach um ein Fass Sauerkraut, um einen Sack Mehl zu machen[7]». Zerschlagen kehrte KORCZAK von seinen Bettelgängen zurück: «Sieben Besuche, Gespräche, Treppen, Fragen. Ergebnis: fünfzig Złoty und eine Verpflichtung über fünf Złoty monatlich. Können davon zweihundert Menschen leben?[8]» Igor NEWERLY beschreibt die infernalische Atmosphäre des Ghettos: «Entsetzlicher Hunger dezimierte die Bevölkerung. Die Menschen brachen auf den Strassen zusammen. Der „Pinkiert-Bestattungsdienst" kam mit den Abräumungsarbeiten nicht mehr nach. Was morgens weggeschafft war, fiel bis zum Abend wieder an. Kinder spielten auf den Bürgersteigen, obwohl mit Zeitungen bedeckte Leichen herumlagen – sie waren so alltäglich ... Alle Gotteshäuser waren voll. Die Mauern der bisherigen Tempel konnten die Welle des religiösen Mystizismus gar nicht fassen, die Glut anderer religiöser Vorstellungen suchte ein Ziel, nicht nur in Adonai; auch Christus, der Gott der Gemarterten, der Gott von Golgatha, schritt durch das Ghetto ...[9]» Von den mannigfachen Hilfsaktionen, die von der «arischen Seite» unter Lebensgefahr für die Ghettobewohner riskiert wurden, verdient im Zusammenhang mit Janusz KORCZAK erwähnt zu werden, dass der berühmte Hämatologe Professor Ludwik HIRSZFELD den Pharmazeuten Stefan HOMME beauftragt hatte, Medikamente und sanitäres Gerät zu Händen von Dr. KORCZAK ins Ghetto zu schmuggeln[10]. Neben solchen Einzelinitiativen bemühten sich das «Joint Distribution Committee» und «Centos»[11].

«Die polnisch-jüdische Zusammenarbeit auf dem Gebiet des Schmuggels gehört zu den schönsten Blättern in der Geschichte der gegenseitigen Beziehung beider Völker während des gegenwärtigen Krieges[12].»

Umgeben vom Grauen fand im März 1941 im Ghetto-Waisenhaus ein Konzert statt. KORCZAK hatte viele bekannte Ghettobewohner eingeladen, es kamen dreihundert. KORCZAK sass, nach den Aufzeichnungen ZYLBERBERGS, unter den Gästen und seinen Kindern. Nach dem Konzert bat er, man möge ihn anhören, er wolle einige Gedichte vortragen. KORCZAK nahm mehrere Zettel aus seiner Tasche und las diese Satiren: «Kleiner schwarzer Schnurrbart»,

Nie jesteśmy skłonni obiecywać,nie mając pewności.

Pewni jesteśmy,że godzina pięknej bajki myśliciela i poe-
ty da wzruszenie - "najwyższego szczebla' drabiny uczuć.

Przeto prosimy na sobotę dn.18 lipca 1942 r.godz.4,30 pp

Dyrektor Domu Sierót

/ Z nienapisanej recenzji"Żywego Dziennika"/

.... Pierwszy prawdziwie artystyczny-spektakl od 1939r.

Coś więcej niż tekst - bo nastrój;
Coś więcej niż emocja - bo przeżycie;
Coś więcej niż aktorzy - bo dzieci ;

/ - / Władysław Szlengel

Wejście bezpłatne.

Einladung zur Aufführung des Stücks «Die Post» von
Rabindranath Tagore am 18. Juli 1942 im Warschauer Ghetto

«Grosser fetter Bauch», «Ein Buckliger» und zuletzt «Der ele-
gante Dandy»! KORCZAK nannte keine Namen, aber jeder wusste,
dass HITLER, GÖRING, GOEBBELS und der Judenhenker Hans
FRANK gemeint waren. «Die Leute lauschten. War KORCZAK ver-
rückt geworden? Einige rannten nach Hause, KORCZAK nahm
keine Notiz davon. ... Wovor sollten wir Angst haben![13]»

Die Pforten der Hölle

Die Lage im Ghetto war im wesentlichen unverändert bis zum
22. Juli 1942, dem Tag des Beginns der Deportationen nach Treblinka, dem *Beginn der systematischen Judenvernichtung*. «Am 20. Juli
kamen Kompanien der SS-Standarte ,,Reinhard Heydrich" vom
Vernichtungskommando Lublin unter Leitung des SS-Ober-
sturmführers TUMANN. Am 22. Juli umstellte die ukrainische SS
die Mauern des Ghettos ... Das Amt des Zivilkommissars wurde
aufgelöst, an seine Stelle trat ein ,,SS-Aussiedlungsstab" unter
der Leitung des SS-Untersturmführers BRANDT, der sich im
Ghetto, Żelaznastrasse 103, niederliess», schreibt BLUMENFELD[14].

In Adolf RUDNICKIs Schilderung «Der Weg ins Ghetto» wird der
Referent für jüdische Angelegenheiten bei der Warschauer Ge-
stapo, Untersturmführer Karl-Georg BRANDT, als «kleiner Mann,
Anfang vierzig, mit gelichtetem Haar und aufgedunsenem Gesicht» beschrieben. «Vor dem Krieg hatte er als Polizeikommissar
irgendwo in Deutschland gearbeitet. Er war ein tapferer Faschist,
die Kinder besangen ihn in ihren Liedern, die Leute träumten in
den Nächten von ihm. Im Sommer hatte er täglich nicht vier-,
sondern sechs-, sieben- und sogar – wie manche behaupteten –
zehntausend Seelen in die Verbrennungsöfen von Treblinka ge-
schickt ...[15].» Vom «Judenrat» mussten täglich 10 000 Personen
im Zug der «Aussiedlung» zur Deportation «gestellt» werden.
Dies dauerte, nach BLUMENFELDS Bericht, bis zum 9. August 1942.
Kurz vor seiner und der Kinder Deportation schrieb Dr. KOR-
CZAK: «Von Tag zu Tag ändert sich das Gesicht des Stadtviertels.
1. Gefängnis. 2. Verseuchte. 3. Balzplatz. 4. Irrenhaus. 5. Spiel-
hölle. Monaco. Einsatz – der eigene Kopf ... Ich begiesse die
Blumen. Meine Glatze am Fenster – ein gutes Ziel. Er hat einen
Karabiner. Warum steht er da und betrachtet mich so friedlich?
Er hat keinen Befehl. Vielleicht war er im bürgerlichen Leben
Dorfschullehrer, vielleicht Notar, Strassenkehrer in Leipzig oder
Kellner in Köln? Was würde er tun, wenn ich ihm zunickte?
Freundlich winken? Vielleicht weiss er gar nicht, dass es so ist,
wie es ist? Vielleicht ist er erst gestern von weit her gekom-
men ...[16].»

Gang zum «Umschlagplatz» – «Wer ist dieser Mann?»

Als KORCZAK dies schrieb, war wohl jene Hoffnung längst ent-
schwunden, die RUDNICKI verbürgt: «... KORCZAK sagte damals
zu meinem Vater: „Ich bin ein alter Mann. Zwar glaubte ich, ich
hätte keine Wünsche mehr, doch ich habe welche. Ich möchte
noch den Augenblick erleben, da die Tore geöffnet werden ...[17]"»
Die Tore öffneten sich: – zum «Umschlagplatz», Ecke Stawki- und
Djikastrasse nahe dem Eisenbahngelände. Wann KORCZAK mit
seinen Kindern das Ghetto verlassen musste, kann nicht mehr genau bestimmt werden. In Gerald REITLINGERS Studie über «Die
Endlösung» lesen wir: «Am 28. Juli konnten alle Passanten auf
der Strasse den Abmarsch der Kinder aus dem Janusz-KORCZAK-
Waisenhaus in der Dzielnastrasse sehen, die sich mit den Pflege-

rinnen und dem gesamten Anstaltspersonal auf den Weg machten. An der Spitze des Zuges ging der weisshaarige Dr. KORCZAK selbst, zwei Kinder auf seinen Armen tragend, eine malerische, allgemein beliebte Gestalt ...[18]»

In einer illegalen Broschüre der Widerstandsorganisation «WOLNOŚĆ» (Freiheit) aus dem Jahre 1943 findet sich eine Tagebuchnotiz vom Montag, dem 3. August 1942. Darin schreibt M. B.: «Gestern wurde das Internat, dessen Leiter der bekannte Erzieher und Schriftsteller Janusz KORCZAK war, geschlossen deportiert. Die Deutschen erlaubten dem Pädagogen, zu bleiben, doch er lehnte das Angebot ab. Aber schon auf dem Umschlagplatz wurde KORCZAK von den Zöglingen getrennt und in einem anderen Waggon verstaut. Zeugen dieser Szene behaupteten, noch nie etwas Ergreifenderes gesehen zu haben ...[19]». Der Historiker des Warschauer Ghettos, Emmanuel RINGELBLUM (1900–1944), glaubt, dass KORCZAK mit seinen Kindern der ersten Liquidationsaktion Mitte 1942 zum Opfer gefallen ist: «Dr. KORCZAK, der bekannte Pädagoge, führte ein Internat in Warschau unter grossen Opfern und Entbehrungen zusammen mit seiner engsten Mitarbeiterin Stefania WILCYŃSKA ... Über den Weg KORCZAKs nach Treblinka gab der frühere Sekretär der jüdischen Gemeinde, Nahum REMBA, der vielen Menschen das Leben rettete, einen Bericht. REMBA postierte KORCZAK und die ... Kinder am Rande des Transportplatzes an die Mauer, um sie vielleicht bis zum nächsten Tag vor der Verladung retten zu können. Dann schlug er KORCZAK vor, mit ihm zur Gemeinde zu gehen, vielleicht bestehe die Möglichkeit einer Intervention. KORCZAK schlug dies ab, er wollte „die Kinder nicht einmal eine Minute allein lassen". Nun begann die Verladung in die Eisenbahnwaggons. Man lud immerfort ein, aber es war immer noch ein Raum frei ... Dieses Bild werde ich nie und nimmer vergessen ... Alle Kinder wurden zu vieren aufgeteilt, an der Spitze hielt KORCZAK mit zum Himmel erhobenen Augen zwei Kinder an den Händen und führte den Zug an. Der jüdische Ordnungsdienst stand in Hab-Acht-Stellung und salutierte. Die Deutschen fragten: „Wer ist dieser Mann?"[20]».

Der jüdische Schriftsteller Jehoszua PERLE machte im Jahre 1942 diese Aussage: «Ich muss hier noch einmal die banalen Worte wiederholen, dass es keine Feder gibt, mit der dieses furchtbare Bild beschrieben werden könne. Die faschistischen Kindermörder waren von einer wilden Wut erfasst, sie schossen unaufhörlich. 200 Kinder standen zu Tod erschrocken da, gleich würden sie bis

auf das letzte erschossen werden. Und dann geschah etwas Ausser-
gewöhnliches: Diese 200 Kinder schrien nicht, 200 unschuldige
Wesen weinten nicht, keines von ihnen lief davon, keines verbarg
sich, sie schmiegten sich nur wie kranke Schwalben an ihren Lehrer
und Erzieher, ihren Vater und Bruder, an Janusz Korczak, damit
er sie behüte und beschütze. Er stand in der ersten Reihe. Er
deckte die Kinder mit seinem schwachen, ausgemergelten Körper.
Die Hitlerbestien nahmen keine Rücksicht. Die Pistole in der
einen, die Peitsche in der anderen Hand, bellten sie: „Marsch!"
Wehe den Augen, die dieses furchtbare Bild mitansehen mussten.
Janusz Korczak, barhäuptig, mit einem Lederriemen um den
Mantel, mit hohen Stiefeln, gebeugt, hielt das jüngste Kind an der
Hand und ging voraus. Ihm folgten einige Schwestern in weissen
Schürzen, und dann kamen die 200 frischgekämmten Kinder ...
Im Judenrat hatte man inzwischen erfahren, was auf der Sienna-
strasse 16 vor sich ging. Man begann zu telefonieren, hin und her
zu laufen, wollte retten. Aber wen wollte der Judenrat retten?
Nicht die 200 Kinder, er wollte Janusz Korczak retten. Er dankte
den Herren vom Judenrat, die alle Juden geopfert hatten, und
schritt an der Spitze seiner Kinder zum Verladeplatz. Die Steine
weinten, als sie diese Prozession sahen, doch die faschistischen
Mörder trieben die Kinder mit Peitschen weiter und schossen
immer wieder. Bis zum heutigen Tag fehlt jede Spur, wo Janusz
Korczak mit den 200 Kindern geblieben ist. Allen Anzeichen
nach ist von ihnen nichts mehr übriggeblieben. Mögen diese
wenigen Worte die Einleitung zu jener bluterfüllten Chronik sein,
die den Namen „Janusz Korczak und seine 200 Kinder" trägt.
Das ist die Würdigung eines einfachen Ghettojuden, die Würdigung der Tat Korczaks[21].»

Zeugnisse menschlicher Grösse

Aus dem Archiv Ringelblum I teilt Josef Wulf diese Version von
Korczaks letztem Weg mit: «Die jüdischen Pädagogen starben
im Dienst. Sie konnten den Nachrichten aus der Provinz deutlich
entnehmen, was überall mit jüdischen Waisen und Waisenhäusern
geschah. An derartige Heime wurde nämlich zuerst Hand gelegt.
Doch das schreckte die Lehrer und auch das Personal nicht ab, bis
zum Schluss auf ihrem Posten auszuharren ... Auf diese Weise
kam also auch der berühmte Pädagoge und begabte Schriftsteller

Janusz KORCZAK auf den „Umschlagplatz" und mit ihm seine rechte Hand, die Pädagogin Stefa WILCZYŃSKA. Der Kinderkolonne ging er, ein Lied auf den Lippen – so erzählt man – voran zum Zug nach Treblinka. Sich selbst getreu, sorgte er bis zuletzt für die Kinder und nahm noch Wasserfässer mit in den Zug für sie ...[22]»

Während die kenntnisreiche Biographin KORCZAKS, Hanna MORTKOWICZ-OLCZAKOWA, keine genauen Angaben über den Tag der Deportation macht[23], wird in einer Gedenkschrift für Janusz KORZCAK aus Israel der 5. August 1942 angenommen. Es heisst in dieser den Schulkindern Israels gewidmeten Broschüre, dass der Doktor an diesem Tag zum ersten und einzigen Male seine Kinder belogen habe: «Wir gehen auf eine Wiese zu einem Spaziergang»[24].

Es ist mehrfach bezeugt, dass KORCZAK es ablehnte, seine Kinder zu verlassen. Jedes Ansinnen, auch das von Igor NEWERLY, seine Befreiung betreffend, wies KORCZAK entschieden zurück. In einem Gedicht von Władysław SZLENGEL, Janusz KORCZAK gewidmet, heisst es:

«... Jemand kam angelaufen mit einem Zettel in der Hand und
schrie aufgeregt:
„Sie können zurück, es ist ein Zettel von BRANDT."
Wortlos winkte KORCZAK ab.
Er erklärte ihm nicht viel,
Ihm, der die Nachricht von der deutschen Begnadigung
brachte,
Wie kann man den seelenlosen Köpfen klarmachen, was es
heisst,
Ein Kind allein zu lassen ...
So viele Jahre beharrliche Wanderschaft,
Um dem Kind die Sonne in die Hand zu geben,
Wie kann man es jetzt in Angst allein lassen ...
Er geht mit ihnen weiter bis ans Ende[25].»

Aus dem «Buch des Heldentums»[26] erfahren wir:
«Gleichzeitig haben die Mörder spezielle Aktionstage durchgeführt. Es gab einen Kindertag, an dem ein wildes Jagen nach Kindern einsetzte, an dem alle Kinderheime und Waisenanstalten weggeführt wurden. Damals kam es auch zu dem Vorfall mit dem grossen Kinderfreund Janusz KORCZAK, der sein eigenes Leben nicht retten wollte und zusammen mit den Waisen in den Tod ging.»

Eine literarische Aufbereitung vieler Documenta occupationis aus dem Warschauer Ghetto liegt in John HERSEYs Roman «Der Wall» vor. Die «Ereignisse vom 3. August 1942» behandeln ausführlich die Deportation der Kinder aus dem «Ruknerheim». Der mit den Ereignissen vertraute Leser wird in «Ruknerheim» und in «Oberst Rukner» in der polnischen Sanitätsuniform unschwer Haus und Vater KORCZAK erkennen. Dies wird sehr deutlich in der Notiz: «Die Prozession hatte einen ziemlich langen Weg zurückzulegen: aus dem „Kleinen Ghetto" über die Chłodna-Strassenbrücke und durch das ganze „Grosse Ghetto"». Ein kleines Mädchen mit grossen Augen, das Mühe hatte, mitzukommen, hob der „Oberst" auf und trug es auf seinen Armen.

Der Zug bewegte sich gerade durch die Gensiastrasse in der Richtung auf die Zamenhofstrasse, als ein Mann, den Stefan als einen Boten des Judenrats erkannte, auf die Abteilung vom Sicherheitsdienst an der Spitze zugelaufen kam und eine Nachricht überbrachte. Es wurde Halt geboten. Der kommandierende Offizier zog einen Zettel aus dem Briefumschlag, den ihm der Bote übergeben hatte, und las ihn. Dann wandte er sich an den „Obersten RUKNER" und sagte: „Auf Ersuchen von Ingenieur GROSSMANN aus dem Judenrat werden Sie persönlich von der Deportation befreit. Wir werden die Kinder von hier aus selber übernehmen!"
RUKNER: „O nein! Wo meine Kinder hingehen, da gehe ich auch hin." (Ohne sich auf eine Diskussion einzulassen, wandte er sich um:) „Kommt, Kinder, Achtung! Marsch![27]» ...

Nico ROST hat in seinen Materialien für eine Monographie «Der alte Doktor von Krochmalna» ein Gespräch mit Igor NEWERLY (März 1963) festgehalten.

«Erzählen Sie mir bitte von diesen letzten Augenblicken: Erzählen Sie mir die Augenblicke dieser schon Legende gewordenen Tragödie.»

«Am 8. August 1942 mussten auch seine Waisenkinder zum sogenannten Umschlagplatz am Danziger Bahnhof. Von dort ging es in den Tod. Das wusste jeder. Zum letztenmal gingen die zweihundert Kinder in geschlossener Ordnung aus dem Waisenhaus ins Ghetto durch die Strassen von Warschau. KORCZAK und seine Mitarbeiterin – Frau Stefania WILCZYŃSKA – bitte vergessen Sie ihren Namen nicht – liefen voran. Ich weiss nicht genau, wie lange der gespenstige Zug gedauert hat und wie lang sie warten mussten, bis die Waggons gekommen waren. Nachdem die Schiebetüren dann hinter ihnen geschlossen waren, haben wir nichts mehr in

Erfahrung bringen können, nur, dass alle in Treblinka umgebracht wurden.

«Und KORCZAK selber?»

«Als die Kinder schon einwaggoniert waren, erfuhr der deutsche Platzkommandant, dass der hagere, alte Mann mit dem kurzen Bart, der die Kinder begleitete, Janusz KORCZAK hiess. Es fand dann folgendes Gespräch statt:

„Sie haben den ‚Bankrott des kleinen Jack' geschrieben?"

„Ja."

„Ein gutes Buch. Ich habe es gelesen, als ich noch klein war. Steigen Sie aus."

„Und die Kinder?"

„Die Kinder fahren. Aber Sie können hierbleiben."

„Sie irren sich", erwiderte KORCZAK, „nicht jeder ist ein Schuft", und er schlug die Waggontür hinter sich zu[28].»

In der polnischen Wochenzeitung POLITYKA meldeten sich 1972 weitere Zeugen dieses «wirklichen und tragischen Kinderkreuzzuges an die «Pforten der Hölle» (SUCHODOLSKI)[29]:

«Ich habe Janusz KORCZAK gesehen, als er auf der Zamenhofstrasse an der Spitze der Kinder aus dem Waisenhaus durchs Ghetto ging. Auf dem einen Arm trug er ein Kind, ein zweites führte er an der Hand. Ich bin zwar vierundachtzig Jahre alt, und mein Gedächtnis streikt, aber solche Bilder kann man nicht vergessen, und was die Zeugen betrifft, so gibt es noch einige auf der Welt, man muss einfach nur besser nach ihnen suchen ...» (K. SZAPIRO, Łódź).

«Im allgemeinen Tumult, Geschrei und den Drohungen wurde Dr. KORCZAK zusammen mit seinen Kindern, umarmend die, die sich am meisten ängstigten, auf einer Plattform verladen und zum Umschlagplatz transportiert. Leider ist es uns nicht gelungen, den Befehl unseres Kommandeurs „Janusz" (Cesary J. KETLING-SZELMEY) auszuführen. Dieser Befehl bestand darin, die Bewachung des Transports zu täuschen und diesen in die Richtung Marszałkowska umzuleiten, um danach durch den Tunnel, der unter dieser Strasse verlief, auf die „Arische Seite" und in das schon vorbereitete sichere Versteck in einer gemieteten Villa der Siedlung Błota zu kommen ...» (T. BORKOWSKI und andere)

«In dem Brief von Zofia WOŹNICKA war angegeben, dass es zu dieser Zeit nicht gelungen war, einen einzigen Zeugen des Transports des Waisenhauses durch das mörderische Ghetto zu finden. Ich war persönlich ein Zeuge dieses tragischen Zuges. Die Kinder

Die Nachtwache des Doktor Korczak
Holzschnitt von Bruce Carter (Pittsburgh)

gingen in geordneter Reihe. An der Spitze ging Janusz KORCZAK, den ich pesönlich kannte. Er trug kein Kind, wahrscheinlich hat er aber von Zeit zu Zeit ein müdes Kind auf den Arm genommen, aber ich persönlich habe dies nicht gesehen.» (W. GÓRA, Warszawa) Marek RUDNICKI, Paris, hat sein langes Schweigen gebrochen und 1988 dem Internationalen Korczak-Symposion in Schloß Rauischholzhausen u. a. dies mitgeteilt:

«Mein Vater, ein Arzt, war mit Janusz KORCZAK seit langem bekannt. Im Ghetto arbeitete mein Vater in Leszno im Spital und hatte mit KORCZAK dauernd irgendwelche geheimen Unterredungen — vermutlich ging es darum, mit KORCZAK Arzneimittel zu teilen, zu denen mein Vater leichteren Zugang hatte, doch klar war auch, in Anbetracht ihrer furchtbaren Knappheit, daß man das, was man dem einen gab, einem anderen wegnahm, Entscheidungen, die einen ergrauen ließen.

Mein Vater wußte bereits am 5. August, woher, weiß ich nicht, vielleicht war das allgemein bekannt, daß am 6. die Waisenhäuser „ausgesiedelt" werden würden, darunter auch das Korczak'sche. Da er seinen Posten nicht verlassen konnte, hieß mich der Vater dort hingehen, um nachzusehen, was vorsichging. Als ich am 6. August morgens gegen zehn dort ankam, standen vor dem Haus Siennastrasse 16 die Kinder schon in Viererreihen auf dem Gehsteig aufgestellt. Sie waren sauber gekleidet und sahen nicht ausgehungert aus; man konnte sehen, daß es KORCZAK immer gelungen war, genügend zusammenzubetteln, um ihnen ein Minimum an Nahrung zu gewährleisten. Diese Szene ist bekannt, sie ist oft geschildert und rekonstruiert worden, nicht immer wahrheitsgetreu. Ich will kein Bilderstürmer sein, niemand seines Nimbus berauben, aber ich muß sagen, wie ich das damals gesehen habe. Die Atmosphäre war durchdrungen von einer maßlosen Unordnung, einem Automatismus, von Apathie. Es gab keine sichtbare Erschütterung darüber, das da KORCZAK ging, es wurde nicht salutiert (wie das einige geschildert haben), es gab mit Sicherheit keine Intervention durch Abgesandte des Judenrats — niemand näherte sich KORCZAK. Es gab keine Gesten, keinen Gesang, keine stolz erhobenen Köpfe; ich erinnere mich nicht, ob jemand die Fahne des Waisenhauses trug, man sagt, ja. Es herrschte eine grauenvolle, erschöpfte Stille. Mühsam setzte KORCZAK einen Fuß vor den anderen, er wirkte irgendwie zusammengeschrumpft, murmelte hin und wieder etwas vor sich hin. Wenn ich mir diese Szene vergegenwärtige — selten verläßt sie mich — ist mir, als hätte ich ihn «warum» murmeln hören, ich war nah genug, um das Wort aufzuschnappen. Doch vielleicht spielt mir meine Einbildung einen Streich? Das waren nämlich keine Augenblicke philosophischer Reflexionen; das waren Augenblicke stumpfer, stummer, grenzenloser Verzweiflung, einer Verzweiflung längst ohne Fragen, auf die es keine Antwort gibt.

Die paar Erwachsenen aus dem Waisenhaus, unter ihnen Stefa, gingen nebenher, wie ich, oder hinter ihm, die Kinder anfangs in Viererreihen, später wie es paßte, in regellosem Durcheinander, eine Schlange. Eins von den Kindern hielt KORCZAK am Rockschoß, vielleicht an der Hand; sie gingen wie in Trance.

Ich begleitete sie bis zum Tor des Umschlags, wie wir das nannten. Die Szenen, die sich dort abspielten, kann ich nicht beschreiben, ich habe keine Worte dafür, auch Felek hat keine, um mir zu soufflieren, vielleicht existieren derartige Worte nicht. Seit am 22. Juli die große Deportation, das heißt die Liquidierung des Ghettos begonnen hatte, trieb man auf diesen Platz, Ecke Stawki-/Dzikastrasse, Zehntausende. Eine ungeheure Menschenmenge ballte sich zusammen in einem wahnsinnigen Chaos, unter Wehklagen und Stöhnen; Menschen suchten Menschen, schrien ihre Namen, viele waren vor Entkräftung, Hunger und Durst umgefallen und lagen in einer Reihe. Viele nahmen Gift, ganze Familien in gemeinsamer Umarmung. Die Verladung erfolgte nicht nach einer festgesetzten Regelung, einige Gruppen waren bereits mehrere Tage und Nächte auf diesem Platz. Den „Betrieb" leitete der Chef der jüdischen Polizei, Szmerling, mit seiner Kohorte — mit Gebrüll, Schlägen, Tritten…»[29a]

Der Rest ist Schweigen

Die noch systematischer durchgeführte Liquidierung des Ghettos erlebte KORCZAK nicht mehr, auch vom aussichtslosen Kampf der Widerstandsgruppen erfuhr er nichts, ebenso nichts von jenen verzweifelten Plänen und letzten Hoffnungen, die GOLDSTEIN und RINGELBLUM mitteilen: Hunderttausende sollten sich gleichzeitig auf die Ghettotore stürzen und sich auf der «Arischen Seite» zerstreuen. Auch die «Warschauer Karwoche» (Jerzy ANDRZEJEWSKI) kündigte sich noch nicht an. Wann KORCZAK mit seinen Schutzbefohlenen von der Bahnstation «Arbeitslager Treblinka» in die Gaskammern des Todeslagers getrieben wurde und was sich in den letzten Stunden des Doktors ereignet hat, weiss man nicht, man wird es nie wissen.

«Die Legende ist geschwätzig und allwissend», sagt Hanna MORT-KOWICZ-OLCZAKOWA[30].

Das Comité international de la Croix-Rouge – Internationaler Suchdienst – teilte dem Verfasser 1971 u. a. mit, «dass eine Überprüfung unserer Unterlagen nach dem im Betreff Genannten ergebnislos verlaufen ist. Wir sind aus diesem Grund leider nicht in der Lage, Ihrem Wunsch auf Ausstellung eines Dokumentenauszugs nachzukommen.

Über den in Ihrem Schreiben angegebenen Transport von 200 Waisenkindern aus Warschau nach Treblinka besitzt der Internationale Suchdienst keine namentlichen Unterlagen ...»

Ob es KORCZAKS Schutzbefohlenen so erging, wie es Oskar BERGER in Treblinka gesehen hat[31], dass Kinder an den Füssen gefasst und gegen Baumstämme geschleudert wurden, ob sie einen Tod fanden, wie ihn Mordechaj TENNENBAUM in einem Brief an seine Schwester angedeutet hat[32], oder ob das Ende dem ähnlich war, was Bernd NAUMANN aus Auschwitz erfuhr[33]: «Die Kinder spielten», sagte der Pole, «mit einem Ball und warteten ahnungslos, bevor man sie in den Vergasungsraum führte. Eine Aufseherin klatschte in die Hände und rief: „Schluss jetzt, Kinder, jetzt geht's duschen ..."»

Gibt niemand mehr Kunde? –

Anamnese–Versuche

Adalbert RÜCKERL hat 1977 eine ungemein wichtige Schrift publiziert, in der u. a. auch die beiden Treblinka-Prozesse (1964 und 1970 in Düsseldorf) aus Justizakten dokumentiert sind, ebenso das Vernichtungslager Treblinka[34]. Diese Dokumentation «hat die jahrelange Kleinarbeit der justiziellen Ermittlung schliesslich zu einer breiten Evidenz der Fakten und Zusammenhänge geführt. Sie voll zur Kenntnis zu nehmen, obwohl ihre Lektüre die seelische Aufnahmefähigkeit vielfach übersteigt, ist ein Erfordernis verantwortlicher historischer Erinnerung[35].»

Maria SZUSZKIEWICZ, Warschau, schrieb vor Jahren in einem Leserbrief an die SÜDDEUTSCHE ZEITUNG:

«Vor dem Kriege gehörten zu den beliebtesten Sendungen des polnischen Rundfunks die „Plaudereien des Alten Doktors". Obwohl sie für Kinder bestimmt waren, verfolgten auch Erwachsene sie mit grossem Interesse. Als Autor dieser Sendung zeichnete der

Zur Rampe – Treblinka

Arzt, Pädagoge und Schriftsteller Henryk GOLDSZMIT, der unter dem Pseudonym Janusz KORCZAK bekannt war. Über Janusz KORCZAK, seinen tiefen Humanismus, seine Treue für die von ihm vertretenen Grundsätze, hat nicht nur die polnische, sondern auch die Presse ihres Landes viel geschrieben. Es ist weltbekannt, dass der „Alte Doktor" nicht von der Möglichkeit Gebrauch machte, die ihm von „arischer Seite" gegeben wurde, sein Leben zu retten, sondern bis zuletzt mit den jüdischen Kindern, die er betreute, in dem Warschauer Ghetto blieb. So wurde er zum Symbol der Treue und Menschlichkeit. Der Monat August ist in Polen ein Monat des Gedenkens.

Im August 1942 wurde «endgültig» das Warschauer Ghetto liquidiert, im August 1944 brach der Warschauer Aufstand aus. Die Orte des Martyriums Tausender Warschauer werden von denen besucht, die am Leben geblieben sind. Mit Blumen und Kerzen wird an die Toten gedacht ... Ich traf dort Freunde, die auch mit Blumen an den Ort kamen. Unser Gespräch wechselte, wie so oft, von vergangenen Zeiten zur Gegenwart über. So entstand vor unseren Augen die Vorstellungsverknüpfung der Personen von Dr. Janusz Korczak und Franz Paul Stangl – des Henkers und seines Opfers. Wie bekannt, wurde Dr. Korczak im Vernichtungslager Treblinka umgebracht, während Stangl Kommandant dieses Lagers war. –»

Mitverantwortlich für den Mord an 580 000 Juden stand der «Techniker Franz Stangl» in der Strafsache 8 / I Ks 1 / 69 vor dem Düsseldorfer Schwurgericht. Am 22. Dezember 1970 wurde Stangl zu lebenslanger Haft verurteilt. Dreiundsechzigjährig starb er am 28. Juni 1971.

Die Engländerin Gitta Sereny hatte die Möglichkeit, Stangl insgesamt siebzig Stunden in seiner Zelle zu interviewen. Ihre Protokolle legen schonungslos die Struktur eines Mannes offen, dessen letzte Lektüre «Gesetz und Ehre» war und in dessen Zelle ein Buch von Janusz Korczak lag.

«... Also, Sie fühlten, dass die Juden nicht Menschen waren?»

«Ware», sagte er tonlos, «sie waren Ware». Er hob seine Hand und liess sie wieder fallen. Er machte nicht den leisesten Versuch, seine Verzweiflung zu verbergen.

«Wann glauben Sie, fühlten Sie zuerst, dass diese Menschen „Ware" waren? Als Sie mir Entsetzen über Ihren ersten Eindruck von Treblinka beschrieben – die Leichen, die überall lagen, – die waren da doch nicht „Ware" für Sie?»

«Ich glaub', es begann an dem Tag, als ich das erste Mal ins ‹Totenlager› dort ging. Ich erinner' mich, der Wirth stand neben einer Grube voll von blauschwarzen Leichen. Das hatte nichts mit Menschen zu tun, das konnte nichts damit zu tun haben. Es war nur eine Masse, eine Masse von verwesendem Fleisch. Wirth sagte: ‹Was sollen wir mit diesem Abfall tun?› Ich glaub', unbewußt hab' ich da begonnen, an sie als Ware zu denken.»

«Da waren doch so viele Kinder dabei. Haben Sie je an Ihre eigenen Kinder gedacht? Und daran, was Sie fühlen würden, wenn Sie in der Lage dieser Eltern wären?»

«Nein», sagte Stangl langsam und fast bedauernd. «Ich kann nicht sagen, dass ich je so gedacht hab' . . .[36]»

Die unbekannte Ortschaft Treblinka im Kreis Sokołów wurde mit dem Jahre 1941 zu einer Stätte des Inferno. Die Häftlinge, die in das Arbeitslager eingeliefert wurden, hatten zunächst die Aufgabe, die Kiesgruben auszubauen. In der Nähe dieses «Arbeitslagers» entstand bald «Treblinka II», die Stätte der Massenvernichtung der Juden.

[handschriftliche Notiz in polnischer Sprache]

29. Mai 1942, Tagebuchnotiz: «...ich erhielt eine Aufforderung, wegen meiner Angelegenheit die Strafe zu bezahlen. Jeden Monat fünfhundert Złoty. Der Brief, der Mitte März abgeschickt wurde, traf erst gestern ein. Also müsste ich mit dem heutigen Tage (1. VI.) eintausendfünfhundert Złoty einzahlen. Bei Terminüberschreitung ist die ganze Summe fällig, das wären dreitausend oder fünftausend

Von 36.Jahren an,bin ich Leiter des Waisenhauses Krochmalnastr.92.In Bezahlung für meine Arbeit hatte und habe ich Lebensunterhalt.

Vor dem Kriege verdiente ich bei Schreiben und Vorträgen so wie mit Ratschlägen für Mütter und Erzieher.

Ich war Angehöriger der Aerztlichen Begräbnis Kasse, assekuriert mit 5000.-RM.

Meine Schwester,welche um drei Jahre älter ist als ich, sollte das Geld nach meinem Tode erhalten.Andere Familienangehörigen habe ich nicht.

Ich besitze 3000ZZŁ Zł.Sparbuches 658734 D.Am 19.I.194. zahlte man mir 250.Zł. - 130.Zł - 250.Zł. - 150.Zł.aus.

Vor zwei Jahren verkaufte ich eine Uhr und einen Anzug.

Letztens bezahlte ich eine Abgabe,und zwar am 20.IX.1939- Amt Nr.VI - 200.-Zł.Auf der Złotastr.Nr.8 lies ich beim Hausmeister einen Schrank und einen Schreibtisch.

Da ich den Brief erst am 29.V.1942 erhielt,beantworte ich mit Verspätung.

Hochachtungsvoll

— ich weiss es nicht mehr so genau...Es geht darum, dass sie mein Postsparbuch mit dreitausend Złoty nehmen...» (KORCZAK war im März 1942 von den Deutschen zu mehreren Monaten Gefängnis, die in eine Geldstrafe umgewandelt wurden, verurteilt worden). Dokument aus dem Korczak-Archiv in Lohamei Haghetaot. Dank Leon!

«Das Vernichtungslager Treblinka, das in der Hauptsache zur Vernichtung der im Ghetto von Warschau lebenden jüdischen Bevölkerung zuständig sein sollte, in dem aber auch Juden aus anderen Teilen Polens und sogar aus ganz Europa in grosser Zahl den Tod gefunden haben, wurde im Sommer 1942 eingerichtet und war am 11. Juli 1942 betriebsbereit . . .[37]»

Die an der Bahnstation «Arbeitslager Treblinka» — «Eine Brücke, ein Teich und ein kleines Haus — Station Treblinka[38]» Angekommenen waren meist nach ca. zwei Stunden vergast, die Leichen in die von STANGL beschriebenen Gruben geworfen. Innerhalb eines Jahres kamen 800 000 Juden in Treblinka ums Leben — «Eine Million Seelen wurden dort in Dünger verwandelt.[39]»

«Brief an Marc CHAGALL» von Jerzy FICOWSKI:

... Und es entstanden neue Wüsten,
der Sand von Majdanek, Sobibór,
die Dünen von Treblinka und Bełżec,
wo der Wind zur letzten Ruh'
nicht Flint, Glimmer, Sandstein —
gemahlen zwischen den Mahlsteinen alter Meere —
sondern Kalk und Kohle bettet,
von dem Menschengeschlecht, das dem Boden gleichgemacht ...»

«Es lügt derjenige, der sagt, daß er sich für etwas oder für jemanden opfert. Der eine liebt Karten, ein anderer Frauen; der eine läßt kein Pferderennen aus, und ich liebe Kinder. Ich opfere mich gar nicht, ich mache das nicht für sie, sondern für mich. Das ist für mich notwendig. Sie sollten den Worten über Aufopferung keinen Glauben schenken. Sie sind verlogen und heuchlerisch . . .»

(KORCZAK in einem Gespräch mit Ida MERŻAN)

Janusz Korczak: „Der Bankrott des kleinen Jack." Verlag Williams & Co., Berlin.

Das ist ein Kinderbuch, das ein ganz neuartiges und ein anscheinend ganz unkindliches Thema behandelt, den unromantischen Bezirk von Kauf und Verkauf, von Bilanzen, Reklame, Kalkulation, Bedarf und Nachfrage, kurz das nüchterne Geschäftsleben. Und siehe da, der kleine Jack, der in seiner Schulklasse einen Gemeinschaftsladen gegründet hat und Schulhefte und Bleistifte und Federn verkauft, erlebt und erfährt, erkennt und erlernt in dieser nüchternen Welt soviel Aufregendes wie in dem wildesten Indianerdorf, soviel Geheimnisvolles wie in den seltsamsten Märchen und soviel Wissenswertes und Interessantes wie in einem Dutzend Schulbücher. Dieses Kinderbuch beweist nicht nur, daß jeder Beruf seine Qualitäten und seine Meriten hat, es beweist auch wieder einmal, daß das Leben wirklich überall interessant ist, wo man es anpackt und nicht zuletzt, daß zwischen Spiel und Ernst keine so scharfen Grenzen gesetzt sind, oder besser, daß wir Erwachsenen kein Recht haben, kindliche Sorgen und kindliche Ueberlegungen weniger wichtig zu nehmen als unsere eigenen.

Erste und einzige Rezension von Korczaks 1935 in Berlin
erschienenem Kinderbuch.
Aus: C. V. Zeitung, 1935, Nr. 49, Berlin.

«Korczak erzählt, wie er abends auf dem Nachhauseweg „Zum greisen Oheim sagte einst ein Mädchen" singt. Als er in einem Kramladen Schlange steht, um Kascha zu kaufen, wendet er sich an die Kaufmannsfrau: „Wie Sie mich an meine älteste Enkelin erinnern". Daraufhin errötet die Kaufmannsfrau, bringt rasch das Päckchen und wickelt es sorgfältig in Papier ein. Ein anderes Mal bittet er einen Strassenbahnfahrer anzuhalten, „Wenn ich ein junges Mädchen wäre, würde ich Sie für ein Langsamerfahren umarmen, denn ich möchte an der Ecke abspringen". Sie brauchen mich nicht zu küssen — brummte der Fahrer mürrisch und drehte wunschgemäss die Kurbel...»

(Aus dem Tagebuch des Adam Czerniaków vom 12. V. 1940, München 1986, S. 70)

«Korczak erzählt, dass er über sich das Gerücht ausstreut, er sei ein Dieb. Er meint, auf diese Weise in den Vorstand eines bestimmten Waisenhauses hineinzukommen. Wedel bat er, ihm 50 kg Korn zu verkaufen. Auf Wedels Entgegnung, an einen Juden zu verkaufen sei verboten, erwiderte er, da gebe es einen Ausweg, er möge es doch schenken...»

(Aus dem Tagebuch des Adam Czerniaków vom 16. IX. 1940, München 1986, S. 114)

Das Kind — die «Unbekannte Grösse»

Korczak für Pädagogen?

Wer die Lebensdaten des in PESTALOZZIS Nähe gerückten Doktors kennt, aber die Aktualität von Hinterlassenschaften am Erscheinungsjahr abliest – im Falle KORCZAK: 1900 / 1901 / 1904 usw. – kann allerdings der leichtfertigen, hochmodernen Arroganz verfallen, für Gegenwärtiges sei doch wohl nichts zu erwarten. Und wenn nochmals hier erinnert wird, dass KORCZAKS «Gertrud» «Wie man ein Kind Lieben soll» in den Jahren 1914–1918 entstanden ist – geschrieben in Eisenbahnwaggons, auf dem Weg zur Front, zwischen Angriff und Verteidigung, im Schützengraben –, dann wird gefragt, ob das nicht doch wohl pädagogische «Biwak-Literatur»[1] ist, die zur Bewältigung unserer Probleme nichts mehr taugt – nutzbar vielleicht für pädagogische Heldenverehrung. – Bei sorgfältiger Sichtung der Quellen werden drei Qualitäten sichtbar, die KORCZAKS überzeitliche Bedeutung, seine Aktualität offenbaren:
– Unermüdliche Beobachtung
– Vorsichtige Diagnose
– Illusionslose Therapie
Das Werk KORCZAKS gebietet in diesem Zusammenhang, die gängige Terminologie der Erziehungswissenschaft zu verlassen, denn KORCZAK *hat das scharfe Sehen, die behutsame Einschätzung und das illusionslose Zupacken in der Schule der Medizin gelernt.* Sicher haben ihm dabei auch die beiden deutschen jüdischen Kinderärzte von internationalem Rang, Heinrich FINKELSTEIN und Adolf BAGIŃSKI, in Berlin die Augen geöffnet[2].
Paul HAZARD hat einmal von John LOCKE, einem Arzt und Pädagogen, geschrieben: «Bevor er sich mit der Seele befasste, hatte er den Körper kennengelernt: eine weise Vorsicht, welche die Träumer meist verabsäumten[3].» Dies gilt uneingeschränkt für Dr. Janusz KORCZAK.

Es ist verlockend, an dieser Stelle die Gedanken Adalbert CZERNYS aus seinem Buch «Der Arzt als Erzieher des Kindes» auszubreiten[4]; Yaacov ROTEM hat in diesem Sinne «KORCZAK in den Augen eines Arztes» geschildert[5]. Eine grundsätzliche Bemerkung von Jerzy POMIANOWSKI stehe aber für diesen Zusammenhang[6]. POMIANOWSKI glaubt, im Arztberuf einen «aktiven Humanismus» zu erkennen, der sich bei näherem Hinsehen als ein *«Humanismus ohne Illusionen»* offenbart.

Wenn nun ein Arzt sich in das Abenteuer der Literatur oder gar in das Abenteuer des Erziehungsgeschäftes hineinbegibt, dann kann sich dieser «Humanismus ohne Illusionen» nicht in «wolkenlosen Büchern» oder pädagogischen Idyllen niederschlagen. Das lässt sich mit Zitaten aus KORCZAKS Schriften leicht und eindrucksvoll belegen.

Über die Kunst, Kinder zu beobachten

Zu den fragwürdigen, höchst problematischen Neigungen des Menschen gehört es, lieber Reflexionen und Meditationen anzustellen, erhabene Ausflüge über die Wirklichkeit hinaus zu unternehmen, als aufmerksam Gegebenheiten zu registrieren und unermüdlich zu beobachten. Dies gilt auch für die Wirklichkeit «Kind».

ROUSSEAU hat einst darauf aufmerksam gemacht und wünschte, «ein Mann von der nötigen Einsicht schriebe uns eine Abhandlung über die Kunst, Kinder zu beobachten[7]». Allerdings war sich ROUSSEAU über die Schwierigkeiten eines solchen Unternehmens im klaren, und so steht die erhoffte Abhandlung noch immer aus. Von KORCZAK hätte man sie erwarten können, er hätte die besten Voraussetzungen dazu mitgebracht.

Dies beweist eindrucksvoll die «Beobachtung eines Falles von Onanie bei einem Jungen», die KORCZAK in den zwanziger Jahren niedergeschrieben hat, die aber erst 1937 erscheinen konnte – in der Schweiz[8]. In der Einleitung zu dieser vorzüglichen Fallbeschreibung steht der wichtige Satz:

«Im Unterschied zur Medizin, wo in Kliniken und Labors jede geringste isolierte Erscheinung zum mehrjährigen Forschungsobjekt wird, zeichnet sich die Pädagogik durch die Leichtfertigkeit und Schnelligkeit endgültiger Urteile aus …» – ein Satz wider unser pädagogisches Jahrhundert. Auch aus weiteren hinterlassenen Materialien lassen sich genü-

Fußballmannschaft NASZ DOM 1925

«Ich bin verantwortlich für den heutigen Tag meines Zöglings, es ist mir kein Recht gegeben, sein zukünftiges Schicksal zu beeinflussen und mich da einzumischen. Aber dieser heutige Tag soll heiter sein, voll froher Anstrengungen, kindlich, sorglos, ohne Verpflichtung, die über das Alter und die Kräfte hinausgeht. — Ich soll dem Kind die Möglichkeit gewährleisten, seine Energie freizusetzen, ich soll ihm unabhängig vom Gemurre des verletzten geschriebenen Rechts und seiner Paragraphen die ganze Luft, Sonne, das ganze Wohlwollen geben, das ihm gebührt, unabhängig von Verdiensten oder Schuld, von Vorzügen oder Lastern...»

(KORCZAK, Der kleine Übeltäter, in: Verteidigt die Kinder, Gütersloh 1978, S. 60)

gend Anregungen, Hinweise und Überlegungen aufgreifen, die der pädagogischen Beobachtung ihre erste Rolle zuweisen und gleichzeitig Möglichkeiten und Wege zu einer Einübung und Schulung des Sehens eröffnen. KORCZAK schreibt:

«Als Arzt stelle ich Symptome fest: ich sehe Ausschlag auf der Haut, höre Hustengeräusche, ich fühle das Ansteigen der Temperatur und stelle mit dem Geruchssinn fest, dass das Kind aus dem Munde nach Azeton riecht ... Als Erzieher habe ich gleichfalls Symptome vor mir: Lächeln, Erröten, Weinen, Gähnen, Schreien, Seufzen. Wie ein Husten trocken, feucht und erstickend sein kann, so gibt es ein Weinen unter Tränen, ein Weinen unter Schluchzen und ein fast tränenloses Weinen. Die Symptome stelle ich ohne Hast und Zorn fest ...[9]»

An dieser Stelle muss ebenfalls auf die glänzende Studie über ein Baby (Bobo) aufmerksam gemacht werden[10].

Hanna MORTKOWICZ-OLCZAKOWA erzählt, dass KORCZAK einmal verspätet zu einer Vorlesung in die Universität gekommen sei. Er entschuldigte sich mit einer ungemein aufreibenden Tätigkeit. Man fragte ihn danach, und KORCZAK berichtete, dass er mehrere Stunden damit verbracht habe, schmutzige Kindertaschentücher zu sondieren und zu untersuchen. Er soll gesagt haben: «Was für eine grossartige Visitenkarte ist doch so ein Taschentuch.» Ein andermal soll er Milchzähne untersucht und klassifiziert haben[11].

«Erzieher, sei du ein Fabre der Kinderwelt»

Diese Mitteilungen sollten eigentlich nicht anekdotisch interpretiert werden. Es ist den Kennern bekannt, dass KORCZAK grosse Bewunderung hatte für den Volksschullehrer und Nobelpreisträger Henri FABRE, der als Insektenforscher Weltruhm erlangte. In seiner «ehrfürchtigen Art des Umgangs mit dem Lebendigen» (PORTMANN)[12] hat FABRE ein langes Menschenleben damit verbracht, mit Geduld und Aufmerksamkeit das Insektenleben zu studieren. Dazu KORCZAK: «Der geniale französische Insektenforscher FABRE rühmte sich, er habe seine epochemachenden Beobachtungen an Insekten gemacht, ohne ein einziges zu töten. Er erforschte ihren Flug, ihre Gewohnheiten, Sorgen und Freuden. Er sah ihnen aufmerksam zu, wie sie sich in den Strahlen der Sonne vergnügten, wie sie miteinander kämpften und dabei umkamen, Nahrung suchten, Unterkünfte bauten und Vorräte anlegten. Es

Korczak im Jahre 1935

war ihm nie zuviel; mit klugem Blick verfolgte er die mächtigen Naturgesetze in ihren kaum wahrnehmbaren Vibrationen. Er erforschte mit blossem Auge. Er war Volksschullehrer. Erzieher, sei du ein FABRE der Kinderwelt[13].» Ähnliche Bewunderung hatte KORCZAK für Maurice MAETERLINCK, der das Leben der Ameisen und die Intelligenz der Pflanzen beschrieben hat. Erstes Resümee KORCZAKS: «Wie es in der Medizin eine Lehre des Erkennens gibt, so müsste es in der Pädagogik eine Diagnostik des Erziehens geben, gestützt auf das Sehen, Erklären, Koordinieren, Folgern...[14]» KORCZAKS *Ziel war es, eine Erziehungsdiagnostik zu entwickeln, die auf dem Verstehen der Symptome beruhte.* Von da her ist auch sein «Kult» für Notizen, Eintragungen, Berichte, Protokolle, Diagramme usw. zu erklären. Alle späteren Erziehungsmassnahmen gründen sich weitgehend auf das vorausgegangene aufmerksame, genaue Sehen, Beobachten, Schauen. Noch kurz vor seinem Abtransport nach Treblinka schreibt KORCZAK: «Es ist Nacht. Über sie und die schlafenden Kinder habe ich Aufzeichnungen – vierunddreissig Notizblöcke voll ... Wie kann man das Material von einem halben Tausend Gewichts- und Messdiagrammen der Zöglinge unbeachtet lassen...[15].» Stanisław ROGALSKI erwähnt, dass KORCZAK 25 Jahre lang Kinder gemessen und gewogen habe, um aufgrund der Diagramme Regelmässigkeiten in der Entwicklung zu entdecken, und dass KORCZAK die Vernichtung dieser Aufzeichnungen während des Krieges als seinen grössten Verlust betrachtet habe[16]. Zahlreiche Belege für das Vorgenannte wird der aufmerksame Leser in Schriften des Doktors entdecken. Sie alle, ob man sie im einzelnen der Genialität oder der Kuriosität zuschreiben will, enthalten eine unüberhörbare Aufforderung an den Erzieher: Aufforderung und Anstoss zum Sehen. «Sehen oder zugrundegehen», hat Teilhard DE CHARDIN gesagt[17]. In unserem Zusammenhang heisst das: *«Sehen – oder als Erzieher scheitern.»*

Vorsichtige Diagnose

Die zweite Qualität KORCZAKS im erzieherischen Verhalten besteht in der vorsichtigen, äusserst behutsamen Diagnose. In seinem Roman «König Hänschen auf der einsamen Insel» karikierte KORCZAK den Direktor eines Waisenhauses; er lässt diesen «Pädagogen» sprechen: «Meine sehr verehrten Mütter und Väter! Ich bin Direktor des Waisenhauses und nicht Gefängnisdirektor. Für mich ist dies alles eine sehr unangenehme Überraschung. Meine Herrschaften, ich bin ein gelehrter Erzieher, ich habe viele kluge Bücher über Kinder geschrieben. Eins trägt den Titel: „365 Arten, den Kindern das Lärmen abzugewöhnen". Dann habe ich ein zweites Buch geschrieben: „Was ist besser, Blech- oder Hornknöpfe?" Mein drittes pädagogisches Buch heisst „Die Schweinezucht in Internaten". Sie müssen nämlich wissen, dass überall dort, wo es viele Kinder gibt, grosse Mengen von Kartoffelschalen und Abwaschwasser anfallen. Und das darf doch nicht verkommen. In meinem Internat wird selbst aus einem ganz mageren Ferkel ein ausgezeichnetes Schwein. Ich habe zwei Silbermedaillen bekommen. Ich brauche ein Kind nur einmal anzuschauen, dann weiss ich, was es wert ist. Ich erkenne das am Gesicht, an den Augen, an allem. Schauen Sie bitte nur einmal dieses kleine Mädchen an ..." Und der Direktor zeigte auf das am Tisch stehende Mädchen. „Schauen Sie sich ihr heiteres Gesicht und ihre verständigen Augen an. Sie ist noch nicht lange da, aber ich kenne sie schon durch und durch; ihre kleine Seele birgt für mich kein Geheimnis. Ich kann jeden ihrer Gedanken lesen, als hätte ich ihn in der Hand ...[18]» –

Dieser bitteren Satire widerspricht der vorsichtige, behutsame Diagnostiker Dr. KORCZAK. KORCZAK war kein eiliger Diagnostiker. Trotz seines angedeuteten «Kultes» für «Daten» erlag er nicht der Faszination solcher Belege. Er gehörte nicht zu jenen «Direktoren», die aus Bewegung und Mimik des Kindes gleich Delphische Orakel verkünden. Wenn KORCZAK beispielsweise an den Betten der Schutzbefohlenen den Erziehern die *«Symphonie des Atmens des schlafenden Kindes»* deutete oder das Erwachen des Kindes beobachtete – «Die Blicke und Bewegungen noch ganz schwer, oder aber ein plötzliches Herausspringen aus den Betten. Eines reibt sich die Augen, ein anderes wischt sich mit dem Ärmel seines Nachthemds die Mundwinkel, ein drittes zupft sich am Ohr, reckt sich, und hält ganz verloren vor sich hinstarrend ein Kleidungsstück in der Hand...[19] – wenn KORCZAK solches sah und beschrieb und deutete, dann konnte er nicht in die «Vorführer-Manie» verfallen und in die «Zeigestock-Gebärde» abrutschen, denn er wusste als behutsamer und vorsichtiger Diagnostiker von den «hundert Masken, den hundert Rollen eines fähigen Schauspielers», wie er einmal das Kind charakterisiert hat[20]. KORCZAK gab zu: «Es ist schwer, sich zurechtzufinden ... es ist schwer zu erkennen, wer und was ...[21]» und zog das Fazit: *« Das Kind ist wie ein Pergament, dicht beschrieben mit winzigen Hieroglyphen, die du nur zum Teil zu entziffern vermagst* ...[22]» Hier darf der Pädagoge an den alten Soldatenwitz erinnert werden, dessen Stück Wahrheit KORCZAK nicht unbeachtet liess: «Hier ist keine Universität, hier muss man denken[23].»

Dieser Aufforderung zum Denken, zum Unterscheiden, muss nach KORCZAK vorzüglich bei der Bemühung um Diagnose gehorcht werden.

«Mangelndes Unterscheidungsvermögen wirft lebhafte, ehrgeizige, kritische und all die unbequemen, aber gesunden und sauberen Kinder in einen Topf mit den mürrischen, verdrossenen, misstrauischen, schmutzigen, verführten und leichtsinnigen Kindern, die bereitwillig schlimmen Beispielen folgen. Ein unerfahrener, achtloser und oberflächlicher Blick erkennt keinen Unterschied zwischen diesen und den seltenen üblen Ausnahmen ...[24]» Unterscheidendes Denken bewahrt vor eiligen Festlegungen und vorschnellen Objektivationen aktuellen Verhaltens. *Pädagogische Diagnose, gestützt selbst auf reiche Beobachtungen, Erfahrungen und Daten wird keine apodiktischen Urteile leichtfertig diktieren dürfen, die Urteile müssen im Vorhof der Annahme und Vermutung bleiben.*

Stanisław ROGALSKI berichtet von seiner ersten Begegnung mit KORCZAK[25], dass der Doktor mit einer Schürze über einen grauen Anzug bekleidet gewesen sei, Nikotin- und Tintenflecken an den Fingern. Er las an dem für ROGALSKI unvergesslichen Abend aus dem berühmten Buch von Alexis CARREL «Der Mensch, das unbekannte Wesen» vor: «Ich weiss nicht ... es kann sein ... wahrscheinlich ... es sieht so aus ... vielleicht ist das so ...» Dazu meinte KORCZAK, in der Erinnerung von ROGALSKI: «Wenn ein Wissenschaftler so viele Fragezeichen und Unsicherheiten hat, wenn er über den Menschen spricht, dann seien auch wir vorsichtig und schämen wir uns nie, dass wir so wenig wissen ...» Der geniale Beobachter KORCZAK hat sich eingestanden, dass die Fülle seiner schriftlich fixierten Beobachtungen ihn dann doch pädagogisch im Stich gelassen hat und dass die Addition aller Ergebnisse für die Erziehung wenig oder nichts eingebracht hat. Er sagt: «Wir kennen das Kind nicht, schlimmer noch: wir kennen es aus Vorurteilen ...[26]» Und in «Bobo» heisst es: «... Wieder mühselige Untersuchungen, eine Revision der gewonnenen Wahrheiten, der Ruin leichtfertig aufgestellter Annahmen. Ignorabismus! Ignorabismus ...[27]» Es bleibt: Die «Unbekannte Grösse»: das Kind.

Und an den suchenden Erzieher gerichtet, heisst das: «*Er soll immer daran denken, dass er sich irren kann. Keine Ansicht sollte zur absoluten Überzeugung oder zu einer stets gültigen Überzeugung werden . . .*[28]»
Wie nüchtern der Arzt und Erzieher KORCZAK vom Menschen dachte, belegt auch seine Äusserung:
«Um den Menschen aber ringen wir vergebens; da wir ihn nicht kennen, verstehen wir es auch nicht, unser Leben mit dem des Mitmenschen zu einer harmonischen Übereinstimmung zu bringen . . .[29]»
Hier spricht *nicht Resignation, sondern das heilsame Eingeständnis der Grenzen unserer Erkenntnis.* Die Verbindung und Verknüpfung verstreuter Einzelheiten zu einem logischen Urteil über den Menschen bleibt Flickwerk.
Die Datenbank verweigert die Auskunft. Was bleibt, ist «forschendes Fragen ohne Abschluss[30]». Aus diesen Einblicken, die in ein Grenzgeständnis münden, das *Hegels* Erkenntnis entspricht, dass die Weltgeschichte nun einmal nicht der Boden des Glücks ist, lässt sich aber der Weg zu einer «Erziehung ohne Illusion»[31] mit dem Geleit Dr. Janusz KORCZAKS finden.

«Man darf nichts ohne Vorbereitung, ohne Qualifikation, ohne Kontrolle, ohne Verantwortung tun — man kann ohne Qualifikation nicht einmal Schuhputzer sein; sogar ein Mittel zum Klinkenputzen muß analysiert werden, ob es keine Gifte enthält, keine ätzenden, schädlichen Eigenschaften hat. Aber Vater und Mutter kann jeder sein, wer immer nur möchte. Um eine Bude mit Sodawasser aufzumachen, muß man eine Genehmigung haben, eine Erlaubnis der Behörde und hier, wo ein Mensch geschaffen wird — nichts, außer: ich habe Lust gehabt . . .»

(KORCZAK, Der Frühling und das Kind, in: Von Kindern und anderen Vorbildern, Gütersloh 1979, S. 95)

Illusionslose Therapie

KORCZAKS erste Erzählung erschien 1901 unter dem Titel «Kinder der Strasse». Hier kündigt sich das Thema seines Lebens an. Er sah und beschrieb die Erscheinungen menschlicher Erniedrigung. Dieses Sehen und das Aufmerksammachen auf solche Zustände durch Literatur drängte ihn aber zu einer engagierten, illusionsfreien, zupackenden Behandlung. WOŁOSZYN sagt es so: «KORCZAK hat es verstanden, die Grenze des literarischen Protestes zu überschreiten und mit der praktischen Tat in das Leben einzutreten ...[32]»

Am Anfang steht das scharfe Sehen, die Beobachtung liefert eindrucksvolles Material, die Diagnose fordert Handeln. Da sie im Vorhof der Annahme und der Vermutung, bestenfalls im Raum der Wahrscheinlichkeit angesiedelt ist, gilt KORCZAKs Einstellung: «*Ich gebe keine Rezepte. Wir experimentieren und suchen und entfernen uns nicht von der Wirklichkeit*[33].» Aus dieser Grundeinstellung erwachsen dann auch kühne Ideen und originelle Methoden, die durchaus nicht immer aus Verstand und Vernunft, sondern aus der Traumkraft der Phantasie kommen. Dies betont auch Erika KUMM: «KORCZAKs pädagogischer Eros, seine kuriosen Einfälle, Träume, Schwärmereien, die bisweilen bezaubernder und kindlicher waren als die seiner Kinder, nahmen seinem pädagogischen System jede Starre, jeden Zwang, jede Gefahr der Schematisierung. Es war der *Sieg der Phantasie in der Erziehung* ...[34]»

Es gibt «Erfolge», über die zu berichten wäre. Im Jahre 1932 notiert KORCZAK über die «Ehemaligen»: «Ein Moment des Zögerns: bei einer Zahl von 445! – 2 Bettler, 2 Huren, 3 wegen Diebstahls verurteilt. Das versteht nur, wer mit ihnen lebt[35].» – Es gibt keine «Wunder», über die zu berichten ist, aber immer wieder sind in KORCZAKs pädagogischen Massnahmen und Arrangements, so wie wir es von seinen Freunden wissen, Bemühungen zu erkennen, den faszinierenden Überraschungen des Lebens die Chance zu geben, mit dem Doktor gesprochen, «*dem Leben nicht seine bunten Flügel zu zerdrücken und seinen Flug zu mässigen*[36]».

Dies ist ein moderner Rahmen, innerhalb dessen sich konkrete illusionslose Massnahmen mit einigem Erfolg realisieren lassen. KORCZAKs pädagogisches Denken und Handeln kommt, wenn auch vordergründige Urteile es nicht wahrhaben wollen, aus einem nüchternen Hintergrund, aus dem der Mensch als das Wesen der grossen, unberechenbaren, unwiderstehlichen Überraschungen hervortritt. Jeder Tag wird dem Erzieher «etwas Neues, Überraschendes, Ungewöhnliches bringen[37]».

Wenn die Beobachtungen nicht trügen, sind wir heute dem Bann und Wahn der Perfektion verfallen. Wir lassen bei der totalen Planung und Verplanung – auch im Erziehungsraum – den faszinierenden Überraschungen des Lebens und des Menschen keinen Platz. Daraus folgt, dass, wenn doch einmal eine Überraschung durch das Netz unserer Planung geschlüpft ist, wir perplex und bestürzt, wie «die Artisten in der Zirkuskuppel – ratlos» sind

KORCZAK liebte die Spatzen, nicht die Nachtigallen und die Exoten, sondern die verachtete und verdammte Plage der Spatzen. Aus ihrem Verhalten las er vieles über individuelles und gemeinschaftliches Verhalten des Menschen ab. Als illusionsloser Beobachter des Lebens, des Lebens in seiner ganzen Spannbreite, eben von diesem verdammten Volk der Spatzen bis hin zu den feindlichen Auseinandersetzungen der Völker, wusste er, dass wir mit unseren *erzieherischen Arrangements und «didaktischen Anschlägen*[38]*» nur in Grenzen der gestellten Aufgabe gerecht werden. Dass die Erziehung mehr fordert als eine «psychologische Buchhaltung im Herzen und ein pädagogisches Gesetzbuch im Kopf»*[39] *hat* KORCZAK *seinen Hörern und Lesern wohl eindringlich klargemacht.* Aber er schloss den Laden nicht, denn auch das war für ihn ein Stück Beobachtung: «dass manchmal dort eine günstige Entwicklung einsetzt, wo wir meinen, es habe uns eine Katastrophe getroffen, dass eine stürmische Krise oft der Beginn einer Genesung ist[40].»

Von NEWERLY, der dem Doktor besonders nahe war, übernehmen wir das Urteil: «Ich möchte auf zwei charakteristische Merkmale des Erziehers KORCZAK aufmerksam machen: erstens, auf die fast universale Vielseitigkeit seiner Interessen, es ging ihn nämlich alles an, was das Kind betraf, und man würde nur ganz wenige Angelegenheiten finden, die ihn nicht beschäftigt, über die er nicht schon einmal geschrieben hätte. Berichten könnte ich etwa über seine Anschauungen und Vorschläge zu einer Reform des Unterrichts, zur Ausnutzung des Films in der Erziehungsarbeit und darüber, wie nach ihm Gebäude und Innenräume aussehen sollten, damit sie der jungen Generation dienen, und was er über die ganze materielle Kultur des Kindes, die Ästhetik der Gegenstände in seiner Umgebung dachte. Man könnte Auszüge aus seinen Studien über die Kindersprache und den Kinderjargon zitieren und an viele andere Angelegenheiten erinnern, zu denen KORCZAK Stellung nahm, bis zu einer Frage, die an ein schreckliches Drama der Menschheit stösst: Sollen wir uns denn weiterhin blind und zerstörerisch wie Heuschrecken vermehren unter besonderer Bevorzugung der übelsten menschlichen Gattung? Wer hat denn schliesslich das Recht, zu gebären, wem kann man erlauben, Kinder zu haben? Fragen, die die dunklen Geheimnisse der Eugenik zu ergründen versuchen, deren Problemen, die heute zunehmend aktueller werden, KORCZAK viele Gedanken und ein Theaterstück gewidmet hat.

Eine andere für KORCZAK charakteristische und für sein Verständnis wichtige Eigenschaft ist die ideell-gefühlsmässige Ladung, die allen seinen Gedanken an das Kind und allen seinen Arbeiten für das Kind beigegeben ist, und diese Ladung ist von einer Kraft, dass sie Begriffe wie Arbeit oder Beruf sprengt. Das ist schon eher Dienst oder Dienstleistung, Ausdrücke nicht ohne Demut, in denen zugleich so etwas wie volle und gehorsame Hingebung erklingen: Gottesdienst, Dienst an der Wahrheit, Dienst an der Heimat ...[41]»

«Ich werde ein nachsichtiges Lächeln oder eine Grimasse des Mißbehagens hervorrufen, wenn ich sage, daß ebenso würdig ein zweibändiges Buch über Waschen und Wäscherinnen wäre wie über Psychoanalyse, daß die Küche und eine Suppe mehr Intelligenz und Initiative erfordern als ein bakteriologisches Labor und ein Mikroskop. Und ich würde gerade einen Säugling lieber einer rechtschaffenen Kinderfrau anvertrauen als einer Charlotte Bühler...»

(KORCZAK, Ein ehrgeiziger Erzieher, in: Verteidigt die Kinder, Gütersloh 1978, S. 25)

«Alte Ammen oder Maurer — das sind oft bessere Pädagogen als eine Diplompsychologin ...»

(KORCZAK, Das Recht des Kindes auf Achtung, Warschau 1929, dt. Göttingen 1970)

Gebet eines Erziehers

Ich bringe dir keine langen Gebete, Gott. Noch sende ich zu dir zahlreiche Seufzer ... Ich mache keine tiefen Verbeugungen, bringe kein reiches Opfer zu deiner Ehre, zu deinem Ruhm. Ich wünsche nicht, mich hineinzustehlen in deine mächtige Gnade, noch trachte ich nach erhabenen Gaben.

Meine Gedanken haben keine Flügel, die das Lied zum Himmel trügen.

Meine Worte haben weder Farbe noch Duft noch Blüten. Müde bin ich und schläfrig.

Mein Blick ist verdunkelt, der Rücken gebeugt unter der großen Last meiner Pflicht.

Und dennoch trage ich eine herzliche Bitte zu Dir, o Gott. Und dennoch besitze ich ein Juwel, das ich nicht meinem Bruder — dem Menschen — anvertrauen will. Ich fürchte, der Mensch wird es nicht verstehen, nicht nachempfinden, es mißachten und verlachen.

Während ich vor deinem Antlitz wie graue Demut bin, o Herr, so stehe ich mit meiner Bitte vor dir — als flammende Forderung.

Während ich still flüstere, verkünde ich diese Bitte mit der Stimme unbeugsamen Willens. Mit befehlendem Blick schieße ich über die Wolken.

Aufrecht stehend, stelle ich meine Forderung, denn ich verlange nichts für mich.

Gib den Kindern einen guten Willen, unterstütze ihre Anstrengungen, segne ihre Mühen. Führe sie nicht den leichtesten Weg, aber den schönsten.

Und als Anzahlung für meine Bitte nimm mein einziges Juwel: die Traurigkeit.

Meine Trauer und Arbeit.

(Korczak, Allein mit Gott, GTB Siebenstern 1004, 2. Aufl., Gütersloh 1981, S. 44—45)

«Was wollen Sie den Kindern dafür geben...»

Korczaks Gottnähe

Jan TWARDOWSKI, «Der Dumme-Kinder-Vikar», hielt während der Messe «für die Seele Janusz KORCZAKS» in der Kirche der Visitantinnen in Warschau am 29. Dezember 1971 eine Predigt. TWARDOWSKI sagte: «Er (Janusz KORCZAK) stand ausserhalb offizieller Konfessionen, obwohl er so oft über Gott sprach und zur Bibel zurückkehrte. Auf dem Grab seiner Mutter hatte er die Inschrift anbringen lassen: „Ich habe Deine Gebote weder vergessen noch überschritten" ... er war formal nicht durch die Taufe an Jesus gebunden, aber wie viel können wir Christen aus seinem Leben und Tod lernen[1].»

In diesen Andeutungen liegt etwas von dem, was Freunde und Verehrer des Warschauer PESTALOZZI empfinden und bekunden, KORCZAK sei ein *Heiliger*, ein nichtchristlicher *Heiliger,* richtiger – nach einem Hinweis von Hans ROOS[2] – «der letzte chassidische Heilige». Dow SADAN, Professor an der Hebräischen Universität in Jerusalem, «stellt sich KORCZAK im Himmel inmitten chassidischer Zaddikim sitzend vor; dort sieht er ihn in Gesellschaft von Rabbi SUSCHA, der nicht zur feierlichen Abendandacht am Versöhnungsfest gekommen war, weil er einen Säugling hatte beruhigen müssen, den er unterwegs hatte schreien hören. Er sitzt dort mit Rabbi LEIB VON SASSOW zusammen, nach dessen Worten ein Mensch, der nicht fähig ist, an dem mit Wunden bedeckten Kopf eines Kindes mit eigener Zunge zu lecken, nicht genügend Liebe für seinen Mitmenschen im Herzen trägt ...[3]»

Künstler haben dies erspürt, und ihre Gestaltungen zum Gedenken an den «Alten Doktor» von Krochmalna stehen in der Nähe der sakralen Kunst. Deutlich ist dies beispielsweise in den Holz- und Gipsplastiken von Stanisław KULON, ebenso in den Arbeiten von Bolesław MARSCHALL, Elsa POLLAK, Mieczysław ZAWADZKI; besonders verdichtet in der symbolstarken Plastik im NASZ DOM

«KORCZAK und die Kinder» von Zofia WOŻNA, ebenso in ihren unvollendeten KORCZAK-Studien. Zofia WOŻNA bekannte sich in einem Ateliergespräch mit dem Verfasser zu einer religiösen Auslegung ihres Lebensthemas: Janusz KORCZAK. Dieser Eindruck fand auch Gestalt in drei Holzschnitten des Amerikaners Bruce CARTER. In den literarischen Annäherungen ist das Religiöse aufgeleuchtet in Izabela GELBARDS «Trauerlied über Janusz KORCZAK», Mieczysław HANCZULSKIS Versen «Das verlorene Herz», Włodzimierz SŁOBODNIKS «Klagelied», Anna KAMIEŃSKAS Rhythmen über «Die Lüge des Doktor KORCZAK» den «Sieben Haiku» des Japaners Jiro KONDO, den Strophen von Jerzy FICOWSKI: «5. VIII. 1942» und nicht zuletzt in Antoni SŁONIMSKIS frühem «Lied über KORCZAK»[4].

Diese Auslegungen der Existenz KORCZAKS sind natürlich durch des Doktors Opfergang stark inspiriert, einer Tat «von der Kategorie ethischen Heldentums, die über Jahre hinweg eine ethische, pädagogische und ideelle Wirkungskraft hat, die an alle Erzieher gerichtet ist, vielleicht sogar an alle ethischen Menschen», wie Kazimierz KOŹNIEWSKI in einer neueren Arbeit über das «Ethos Janusz KORCZAKS» geschrieben hat[5].

Wurzeln der Religiosität

Es ist der Frage nachzugehen, inwieweit sich dieses «ethische Heldentum» durch religiöse Antriebe entwickelt und vollendet hat. Suchen wir zunächst nach religiösen Wurzeln und Bindungen im Leben und Werk KORCZAKS, der als junger Mensch betete: *«Gib mir, o Herr, ein schweres, aber schönes, reiches, würdiges Leben*[6].*»* Es ist den Kennern der Biographie bekannt, dass im Hause der GOLDSZMITS die jüdische Religion keine bestimmende Rolle spielte. Der Glaubenstradition noch verbunden, wurde Henryk inmitten einer katholischen Umwelt stärker durch polnische Sitte und Kultur geprägt. Dass es dieserhalb zu bitteren Erfahrungen und Kollisionen im Leben des Kindes Henryk kam, bezeugt eine Szene, die der alte «Janusz» festhielt: «Der Tod eines geliebten Kanarienvogels warf die geheimnisvolle Frage nach dem Bekenntnis auf. Ich wollte ein Kreuz auf seinem Grab errichten. Das Dienstmädchen sagte, das ginge nicht, weil es nur ein Vogel sei, also etwas weit Niedrigeres als ein Mensch. Sogar um ihn zu weinen sei Sünde. Soweit das Dienstmädchen. Und noch schlimmer war, dass der Sohn des Hausverwalters feststellte, der Kanarienvogel sei Jude gewesen. Ich auch. Ich bin auch Jude, und er – Pole und Katholik. Er würde ins Paradies kommen, ich dagegen, wenn ich keine hässlichen Ausdrücke gebrauchen und ihm immer folgsam im Haus stiebitzten Zucker mitbringen würde, käme nach dem Tod zwar nicht gerade in die Hölle, aber irgendwohin, wo es ganz dunkel sei. Ich hatte Angst in einem dunklen Zimmer. Tod – Jude – Hölle. Das schwarze jüdische Paradies. Es gab genug Grund zum Grübeln ...[7]»

Auch die Namensgebung in der Familie GOLDSZMIT deutet auf ein problematisches Verhältnis zum jüdischen Glauben hin. In seinem Tagebuch notiert KORCZAK später: «Mein Vater konnte mich mit gutem Recht Henryk nennen, er selber bekam den Namen Józef. Auch seinen anderen Kindern gab mein Grossvater christliche Namen: Maria, Magdalena, Ludwik, Jakub, Karol, jedoch etwas widerstrebend ...[8]»

KORCZAKS Biographin, Hanna MORTKOWICZ-OLCZAKOWA, schreibt: «Der Schritt, vor dem KORCZAKS Grossvater zurückschreckte, war die Taufe; an sich kam der damals mit wenig Schwierigkeiten verknüpfte Übertritt zum Christentum häufig vor und führte zu einer noch innigeren Verschmelzung mit dem nichtjüdischen Teil der Nation ...[9]» Die Biographin zitiert dann aus KORCZAKS «Curriculum vitae» von 1924: «Das stille, graue polnische Wort „Smutno" = „traurig" heisst im Jiddischen genauso. Und wenn sich ein polnisches oder jüdisches Kind unglücklich fühlt in der Welt – denkt es mit demselben Ausdruck, dass ihm traurig zumute sei[10].»

Aus dieser Notiz zieht Hanna MORTKOWICZ-OLCZAKOWA den voreiligen Schluss: «Dieses eine Wort „Smutno" umfasst das ganze Verhältnis KORCZAKS zur jüdischen Frage, die ihm fremd gewesen sein muss, als er aufwuchs und zu denken begann ...[11]» KORCZAK schreibt einmal, dass allein die Grossmutter an seinen Stern geglaubt und ihn «Philosoph» genannt habe. Diese für KORCZAK stets wichtig gebliebene Erinnerung steht nicht allein für seine kindlichen Träume von «phantastischen, unwirklichen Dingen[12]», sie deutet auf die *metaphysische Grunddisposition* KORCZAKS hin. Sie wiederum hat KORCZAK davor bewahrt, in der Welt freier Ideen und freier Geister – und mit welchen Ideen und Geistern hat er sich eigentlich nicht herumgeschlagen! – religiöse Bindungen aufzugeben. Dies gilt auch für sein Denken über Erziehung.

Gottsuche einer Franziskanischen Seele

Den Zöglingen widmete KORCZAK das Bekenntnis:
«Wir geben Euch keinen Gott — den müsst Ihr in Eurer eigenen
Seele finden, in einsamer Anstrengung zu finden wissen ... vielleicht wird Euch diese Sehnsucht zu Gott, Vaterland und Liebe führen ...[13]« Dass KORCZAK selbst — in dieser «einsamen Anstrengung», «Allein mit Gott — Gebete eines Menschen, der nicht betet», formulierte, belegt nicht nur der in franziskanischer Einfalt
gesprochene Hymnus des Künstlers:

«Ich danke Dir, Gott, dass Du das Schwein und den Elefanten mit
dem langen Rüssel geschaffen hast, dass Du die Blätter und die Herzen
gezackt hast. Dass Du den Negern schwarze Gesichter und den Rüben
die Süsse gabst. Ich danke Dir für die Nachtigall und die Wanze.
Dafür, dass die Menschen Busen haben, dass der Fisch an der Luft
erstickt, dass es Blitze gibt und Kirschen, dass Du auf eine höchst
wunderliche Art uns zur Welt kommen liessest, dass Du den Steinen,
dem Meer und dem Menschen das Denken gegeben hast ...[14]»

Dies und die Aufzeichnungen aus den «Erinnerungen»:

«Dank Dir, guter Gott, für die Wiese und die farbigen Sonnen-
untergänge, für den frischen Abendwind nach einem heissen
mühevollen Tag. Guter Gott, der Du es so weise eingerichtet
hast, dass die Blumen duften, dass die Johanniskäfer auf der
Erde leuchten und die funkelnden Sterne am Himmel ...[15]»
Dies ist eine weitere Strophe zum Sonnengesang des Franz von
Assisi.
KORCZAKS ursprüngliche Haltung der *Ehrfurcht vor dem Leben, der*
Ehrfurcht vor den niedersten Kreaturen, den Läusen und Spatzen, bis hin
zur Ehrfurcht vor dem «aus Staub entstandenen Wesen, in dem Gott
Wohnung genommen hat»[16] – so KORCZAK über den Menschen – blieb
Grundstimmung seiner nicht konfessionell eingeengten Religio-
sität.
In der Sommerkolonie Wilhelmówka knieten die Kinder mit
KORCZAK «vor dem Altar nieder, der auf der Veranda ist, und ver-
richteten das Gebet und sangen: „Steigt das Morgenrot her-
auf" ...», ein religiöses Lied von Franciszek KARPIŃSKI (1741 bis
1825): «Steigt das Morgenrot herauf, segne unsern Tageslauf.
Herr, dein ganzer Erdenkreis singt zum Lobe dir und Preis.»

Jerzy ZAWIEYSKI berichtet von einer Begegnung mit KORCZAK: «Einmal hatte mich KORCZAK zu einer beleuchteten Kirche geführt, es war in der Krakowskie Przedmieście und schön dämmerig. Er hielt mich unter dem Arm fest und sagte ganz unförmlich: „Treten wir ein.". – Und wir traten ein. KORCZAK kniete nieder, und mit gefalteten Händen betete er eine längere Weile[17].»

Über den «Vater fremder Kinder» urteilt Jan PIOTROWSKI: «Der kluge Arzt, eindringliche und selbständige Forscher, entdeckende Psychologe – letztens, wenn jemand es will, der Jude, besass eine durch und durch christliche Seele, mehr noch: eine Christus-Seele. Von Christus hatte er die allumfassende Menschenliebe und sämtliche Offenbarungen des Lebens. Mit Christus vereinigte er sich im besonderen Liebhaben der Kinder und aller Benachteiligten, von Christus scheint es, hatte er sich ein Vorbild genommen über die Bescheidenheit und Einfachheit seiner Handlungen und Sitten[18].»

Maria CZAPSKA erzählt aus dem Warschauer Ghetto, dass KORCZAK ihr gesagt habe: «Ich besitze vier Evangelien, in dieser Schule habe ich zufällig auf einem Haufen verschiedener Makulatur die Apostel-Briefe gefunden. Sie, Frau CZAPSKA, bitte ich um die Litanei zur Mutter Gottes. Ich will nämlich für unseren Gebrauch ein flehendes Gebet zusammenfügen – Kinder müssen beten[19].»

Gemeint ist die «Lauretanische Litanei» mit den Anrufungen «Du starker Turm Davids», «Du Bundeslade», «Du Trösterin der Betrübten» u. a.

Religiöse Erziehung

Auch in KORCZAKS Waisenhäusern wurde eine Art religiöse Erziehung eingeführt, «nicht in Form einer strengen Ordnung, aber als ein Einstimmen des Gefühls durch Gebete und gemeinsames Singen ... KORCZAK, der die Bedeutung des sakralen Wortes für das einsame und in der Welt verirrte Kind und die Kraft religiöser Feierlichkeiten für seine Vorstellungskraft und seinen Hunger nach Eindrücken hoch bewertete[20]», kannte sehr genau die Götter und Halbgötter, die Helden und Autoritäten, die sichtbaren und die unsichtbaren, des Kindes. Er sagt: «Sichtbare, leblose Autoritäten: das Kreuz, die Tora-Rolle, das Andachtsbuch, Heiligenbilder, Ahnenporträts, Denkmäler», und er folgert daraus: «Autoritäten fordern Gehorsam[21].»

KORCZAK ist ein Erzieher, der einen ungebrochenen Glauben an die *Tragfähigkeit von Symbolen* hatte. Und dieser Glaube kommt aus einem religiösen Grund. Darum gab auch KORCZAK dem Hunger des Kindes nach Eindrücken, von dem Hanna MORTKOWICZ-OLCZAKOWA sprach, reichlich Nahrung: «Er wollte nicht zulassen, dass seine Kinder die Leere und Trübseligkeit der Feste ohne Freude und Spass erfuhren: Chanukka ohne Kerze, Purym ohne Mohnkörner, Pesach ohne Matze. In seinem Wunsch, die Kinder polnisch und auf seine Art zu erziehen, unabhängig von den Glaubenssätzen der mosaischen Religion, formte er ihnen selbst ein Gebet. Seitdem wandten sich hundertzwanzig Waisen in der Krochmalna mit KORCZAKS schönen Worten an Gott: „Gesegnet seist Du, unser ewiger Gott"[22].» Diese Formel geht auf eine alte jüdische Benediktion zurück! Erst in den letzten Jahren ist KORCZAKS religiösen Schriften, KORCZAKS Arbeiten für Kinder mit religiösen Themen verdiente Aufmerksamkeit geschenkt worden, Arbeiten, die das Bild des «frommen» KORCZAK konturieren. Auch die «zionistischen» Schriften, wie z. B. die Geschichte von HERSCHEK, dem «Kleinen Propheten» und die 1938 erschienene «Die Menschen sind gut» müssen in diesem Zusammenhang mitgelesen werden.

Die Fragen um die religiöse Dimension der Erziehung führten zu Auseinandersetzungen mit Maryna FALSKA.

Dazu weiss Hanna MORTKOWICZ-OLCZAKOWA: «Sie (Maryna FALSKA) war überzeugte Atheistin und liess sich von ihrer Haltung nicht abbringen. Das führte oft zu Auseinandersetzungen mit KORCZAK, der den Kindern das Geheimnis des Lebens, der Geburt und des Todes ohne den Begriff „Gott" nicht erklären wollte und konnte[23].»

KORCZAK soll Frau Maryna FALSKA schon in Kiew, als sie sich dem täglichen gemeinsamen Gebet widersetzte, die Frage gestellt haben: *«Und was wollen Sie den Kindern dafür geben?*[24]*»*

Diese Antwort Dr. KORCZAKS ist ganz entscheidend für die Beurteilung seiner persönlichen Einstellung zur Religion und darüber hinaus zum Verhältnis von Religion und Erziehung: «Und was wollen Sie den Kindern dafür geben?»

Im «Senat der Verrückten »heisst es: «Der Glaube ist notwendig für die Einsamen und Betrübten[25].» Und da KORCZAK in tiefsinnigen Meditationen von den drei «Einsamkeiten»[26] sprach, von der Einsamkeit des Kindes, von der Einsamkeit der Jugend und von der Einsamkeit des Alters, ist der Schluss erlaubt: *Einsamkeit ist ein Exi-*

stenzial des Menschen, Glaube eine Notwendigkeit zur Bewältigung dieser Einsamkeit.

Nach Stanisław ROGALSKI «vertrat KORCZAK allerdings die Ansicht, dass man ein Kind vor seiner Volljährigkeit nicht in religiöse Prinzipien und Praktiken einführen solle. Man solle in einer kollektiven Erziehung z. B. Gebete vermeiden. Da aber ein Kind irgendwann mit der Religion konfrontiert wird, kann man es, wenn es sich dafür interessiert, über die verschiedenen Religionen und den mit ihnen verbundenen Kultformen unterrichten. Man solle es aber auch nicht tragisch nehmen, wenn ein Kind kein Interesse für religiöse und kultische Handlungen und Dogmen zeige. In dieser Hinsicht war KORCZAK im Banne von Ludwik KRZYWICKI (dem Übersetzer der Schriften von MARX» und ENGELS ins Polnische), der die Meinung vertrat, dass die Menschheit erst dann glücklich wird, wenn sie aus ihren Bedürfnissen die Religion eliminiert hat und ihr Handeln auf die Prinzipien der allgemeinen Ethik stützt ... Kinder aus dem NASZ DOM, die in die Kirche gehen wollten, trugen ihre Namen in eine Liste ein; daraus ergab sich, dass von 180 Kindern 10% den Gottesdienst besuchten [27].»

ROGALSKIS Urteil über die KORCZAKsche Grundeinstellung zu diesen Fragen steht aber im Gegensatz zu Hanna MORTKOWICZ-OLCZAKOWA und zu den bekenntnishaften Äusserungen des Doktors selbst. –

Man muss auf KORCZAKS makabre, düstere, visionäre Humoreske «Senat der Verrückten», 1931 im Warschauer Theater Ateneum uraufgeführt, näher eingehen:

Die Geisteskranken bilden einen Senat. Für diesen Zusammenhang ist der Auftritt des alten Mannes, eines ehemaligen Pfarrers, der auf der Suche nach Gott ist, aufschlussreich:

Der alte Mann erzählt dem kleinen Janek ein Märchen von der guten alten Zeit, in der die Menschen noch an Gott geglaubt haben. Heute sei das alles anders: *« Die Menschen studieren den Glauben ... das Telefon unterbricht das Gebet ... nicht das Medaillon auf der Brust, sondern die Zahnbürste ist wichtig ... nicht die Stimme der göttlichen Warnung, sondern die Wahrsagerin ... jetzt gibt es keine Seuchen, denn sie haben die Schutzimpfung erfunden. Der wahre Gott hat sich nach und nach verflüchtigt. Er sieht, dass er nicht mehr gebraucht wird ... er entfernt sich, er ging verloren ...»*

Das Märchen von der Gottsuche

Jolanta Świtalska schreibt in ihrer Studie «Der unbekannte Korczak»: «... Nun beginnt das eigentliche Märchen. Es handelt sich um einen Versuch des Menschen, Gott wiederzufinden. Die Menschen haben nämlich eines Tages erkannt, dass die Ursache für ihre Unruhe, Grenzen und Schwächen das Fehlen Gottes ist. Also beschliessen sie, den wahren Gott zu suchen, ihm ein prunkvolles Heiligtum zu bauen und den Ort seiner ständigen Anwesenheit zu bestimmen. Nach vielen Konferenzen und Vorbereitungen ist es so weit, nur die Hauptperson – Gott – fehlt immer noch. Ein Befehl ergeht an alle, Ihn zu suchen und abzuliefern. Das allerdings ist schwierig, denn niemand weiss so recht, wie dieser Gott aussieht. Es gibt nur Vermutungen; jemand will gesehen haben, wie er Spatzen fütterte – ein anderer, wie er mit einer Prostituierten sprach. Schliesslich findet ihn ein Mädchen auf dem Feld, verwandelt in eine Lerche. Nach vielen Fragen sagt er, er verstecke sich ja gar nicht – wörtlich: ... er glaube, dass er nicht gebraucht werde, die Zeitungen habe er nicht gelesen. Und wenn die Menschen Sehnsucht haben und die Regierung es verlangt, ist er gern bereit ...»

Mit Prunk und Pomp wird Er in der Hauptstadt begrüsst.

Nach den Feierlichkeiten wird der Festglanz abgeräumt, und Gott verlässt unbemerkt durch einen Seitenausgang das für ihn erbaute Haus. Er flüchtet also zum zweiten Male; er spürt, wie gleichgültig die Menschen ihm gegenüber sind, dass sie nur Abwechslung und Äusserlichkeit suchen. Er geht wieder unter die einfachen Leute, draussen auf dem Lande. Beinahe hätte man ihn auf seiner Wanderschaft gefangengenommen, aber er ist wieder einmal entkommen. Im letzten Augenblick verwandelt er sich in einen Regen aus Glasperlen, der sich auf spielende Kinder herablässt. Korczak lässt die Kinder sagen: «Jetzt werden wir Gott im Herzen tragen, wenn er mit Euch nicht sein will[28].»

Aus diesem Märchen und dem zuletzt zitierten Kinderbekenntnis sind Korczaks Überzeugung vom *« Recht des Kindes auf Achtung»*, Korczaks *« Demut vor der hellen, lichten, unbefleckten, seligen Kindheit»*[29] zu begründen. Hinter dem Pathos, der Rührung und dem Zauber dieser und ähnlicher Aussagen stehen biblische Bilder und Verheissungen.

Hier hat sich Religion verlagert und verdichtet in Knien vor dem Kind.

Sehnsucht nach jüdischer Geistigkeit

Man muss noch einmal auf Korczaks Lebensweg zurückkommen: Zwei Reisen nach Eretz Israel haben die Wurzeln seiner Religiosität neu genährt. Korczak bekennt: «Das ist ein anderes Verhältnis zu Gott und eine andere Moral», ... «Am liebsten sässe ich schon heute in der kleinen, engen Kammer in Jerusalem mit einer Bibel, einem hebräischen Lehrbuch und einem Wörterbuch, mit Bleistift und Papier. Dann könnte ich sagen: „Eine neue Seite. Ein neues Kapitel. Und einsam, völlig einsam ...“» ... «Dort werde ich in studentischer Armut leben. Die einzige Freude in diesen letzten Jahren der Versuche und der schwierigen Erfahrungen war das Erkennen und Meditieren – das ist wichtig für die Menschen wie das Brot[31].»

An Joseph Arnon schreibt Korczak am 15.5.1933: «Wenn das Schicksal gewollt hätte, dass ich nach Eretz Israel komme, wäre ich nicht zu den Menschen gekommen, sondern zu den Gedanken, die mir dort geboren wären. Was würde mir der Berg Sinai sagen, was der Jordan, das Grab Jesu, die Universität, die Höhlen der Makkabäer, der Genezaret-See – und danach vielleicht Purim in Tel Aviv, die Zitrusplantagen? Würde ich nicht mit dieser Erfahrung 2000 Jahre der Geschichte Europas, Polens, der Judenwanderungen erleben?[32]»

Diese Stimmungen des Doktors, der aber Polen und seiner vielgeliebten Stadt Warschau treu blieb, offenbaren die zunehmende Identifikation mit seinem Ursprung. Der Schock der Septembertage von 1939 trieb Korczak noch mehr in die jüdische Schicksalsgemeinschaft.

Einig mit seinem Ursprung wurde Janusz Korczak vollends in der «Steinernen Welt» des Warschauer Ghettos. Aus Michael Zylberbergs «Warsaw Diary» wird besonders deutlich, wie sehr sich Korczak immer stärker von der geistigen Kraft des Judentums erfasst fühlte und sich mit jedem Aspekt der jüdischen Katastrophe identifizierte.

Bei Shimon Sachs lesen wir: «Als er eines Tages nach Hause kam, waren die Eltern fort. Man hatte sie geholt und verladen. Jeder wusste wohin. Shimon wurde dem Kinderheim von Korczak, dem berühmten Erzieher, zugeteilt. „Ich sehe noch“, so erzählte er einmal, „seine sorgenden Augen vor mir. Er versuchte uns immer zu beruhigen, uns von Gott zu erzählen“ ...[33]»

Diese totale Identifikation wird beispielsweise sichtbar, als man anlässlich eines Konzerts im Waisenhaus darüber stritt, in welcher Sprache das Konzert aufgeführt werden solle. ZYLBERBERG notiert: «Einige Mitglieder des Komitees wünschen ein polnisches Konzert, andere optieren für Jiddisch oder Hebräisch. KORCZAK sagte: „Kann jemand leugnen, dass die Mehrheit der Ghettobewohner jiddisch denkt und spricht und sogar jiddisch sprechend stirbt! Dies muss die Sprache des Konzerts sein, jede andere Darbietung würde keine Seele haben". Diese Worte hatten eine elektrisierende Wirkung ...[34]»

Man kann auch nachempfinden, dass KORCZAK tief ergriffen war, als Michael ZYLBERBERG in einem seiner Vorträge im Ghetto über den jiddischen Dichter und ehemaligen Sekretär der jüdischen Gemeinde in Warschau, Isaac LEIB PERETZ (1851–1915) sprach und aus dessen «Golden Chain» die berühmten Verse las:

«*Und also*
gehen wir
singend und tanzend,
wir grossen, grossen Juden,
Sabbatjuden, Festjuden,
mit flammenden Seelen.
Für uns teilen sich die Wolken.
Die Tore des Himmels öffnen sich,
in die Wolken des Ruhms steigen wir auf,
hin zum Thron der Ehre.
Und wir betteln nicht,
und wir bitten nicht.
Wir sind grosse, stolze Juden,
der Same Abrahams,
Isaacs und Jakobs.
Länger können wir nicht warten!
Lied der Lieder wir singen,
singend und tanzend gehen wir ...*[35]*»

Die überzeugendste Antwort auf die Frage nach der Religiosität KORCZAKS gibt sein Gebet, das ein Rabbiner bei der Flucht aus einem Wagen des TREBLINKA-Transports dem Eisenbahner Franciszek ZĄBECKI übergeben hat[36].

Herr, der Du gelitten hast,
um durch Dein Leiden die Menschheit zu erlösen,
hab Erbarmen mit unserem Volk,
von dem Du stammst
und das Dich nicht kennt.

Das hast Du versprochen ...
Wir kennen Dich nicht –
Dich, der für die Schuld anderer gelitten hat –
waren aber Deine Leiden schrecklicher, als die, die wir ertragen
müssen!
Wenn wir auf diese Weise Dich kennenlernen sollen,
so ist das schrecklich.
Vergib uns unsere Schuld, wir flehen darum.
Die Tragödie, die wir durchmachen, ist sie unsere
oder unserer Vorväter Schuld?
oder ist sie die Schuld der ganzen Menschheit?
Ich kann es nicht glauben.
Du hast ja von der Liebe Gottes gesprochen.
Willst Du Dich rächen?
Ich bin nicht schuldig, mein einziger Gott.
Schau auf unsere Leiden.
Du bist gerecht, ich weiss es, Du bist der, der alles verändern kann.
Schau auf uns, durch Dein Leiden am Kreuz und befreie uns,
das Volk Gottes, von den Leiden.
Gib Licht denen, die noch leben,
sie sollen nicht umherirren, sondern gläubig leben.
wir und unsere Kinder sind müde
und keiner befreit uns von unserem schweren Schicksal.
Unsere Seele soll sich zu Dir wenden, wenn wir in unserer
Sklaverei nicht mehr leben können.
Also, Herr, erhöre unser Flehen, weil dieses Joch auf
Erden kein Ende haben wird, nimm uns auf zu Dir, Dein Wille
soll geschehen,
denn die Strafe ist nicht so schwer, als dass sie von
Dir gekommen sein könnte.
Die Menschen haben die Strafe erfunden,
*und um so grösser ist unsere Angst.**

---

* Dieses 1977 bekannt gewordene Fragment zum Bild des «frommen» KORCZAK wird
sicher angezweifelt, aber Bernard IGNERA hat eine Reihe von Argumenten für die
Authentizität zusammengestellt — auch aufgrund eines Briefes von ZĄBECKI[37].

Relief in Olsztyn (Allenstein)

In einem unveröffentlichten Brief schreibt Joseph ARNON über KORCZAKS Religiosität:

«Mir scheint, dass der Glaube des Arztes und Denkers KORCZAK dem des Uriel Acosta nahe war, der wagte, aufzustehen wider das spirituelle Dogma der Religion und verkündete, dass die Seele des Menschen aus dem Geist und lebendigen Blut besteht..., dass der Tod alles beendet und der Brunnen der Stille die Existenz des Menschen verschlingt... KORCZAKS letztes Gebet war an Gott gerichtet für das Leben und nicht für ‹das Leben nach dem Tod›...[38]»

KORCZAKS *Leben für das «Proletariat auf kleinen Füssen»*[39], sein Kampf für die Rechte des Kindes — vor allem sein Opfergang in den Augusttagen 1942 — *allein* mit menschlicher Solidarität oder humanistischer Tapferkeit zu erklären, reicht nicht aus — jedenfalls nicht für den Verfasser dieser Mitteilung zu KORCZAK.

Er ist überzeugt, dass die Kräfte des Alten und Neuen Testaments erst die Liebe im Menschenfreund Janusz KORCZAK vollendeten, die ihr Leben hingibt für die Freunde.

Dies bedeutet auch eine Antwort auf die Frage nach Religion und Erziehung.

CORPORA DORMIUNT, VIGILANT ANIMAE

UNTER UNS LEBEN
DR. JANUSZ KORCZAK
KINDERARZT UND ERZIEHER
* 22. JULI 1878 IN WARSCHAU
UND SEINE SCHÜTZLINGE
† AUGUST 1942 IM KZ TREBLINKA-POLEN

(Gedenktafel in der Kinderklinik
der Julius-Maximilians-Universität, Würzburg)

«Die Welt weiss von vielen grossen Polen nichts...»

(KORCZAK, Erinnerungen, in: Das Recht des Kindes auf Achtung, Göttingen 1970, S. 252)

Hinweise, Quellen und Anmerkungen

Diesem Buch vorausgegangen und gefolgt sind viele Aufsätze zu KORCZAK, seinem Leben, seinem Werk, seinem Erbe: dazu diverse Editionen im Gütersloher Verlagshaus Gerd MOHN, ebenso die Broschüre «Janusz KORCZAK — Der Pestalozzi aus Warschau» als Sonderausgabe der SCHWEIZERISCHEN LEHRERZEITUNG, Zürich 1978. Bilder, Texte, Dokumente stammen aus dem privaten KORCZAK-ARCHIV-Dauzenroth, Ergebnis von fünfundzwanzigjähriger Sammelarbeit. Vielen Freunden in Polen, Israel und anderswo habe ich für Materialien zu danken. Über 40mal war ich in Polen, fünfmal in Israel — auch die Erlebnisse dieser Reisen sind in das Bändchen eingegangen. Den Nachweis aller Werke KORCZAKS, inklusive seiner Briefe, liefert die JANUSZ KORCZAK BIBLIOGRAFIA (1896–1942), hrsg. von Aleksander LEWIN, Friedhelm BEINER, Erich DAUZENROTH, Heinsberg 1985. Dazu: Janusz KORCZAK — *Bibliografia Publikacji Janusza Korczaka i o Januszu Korczaku w Polsce 1943–1987*, hrsg. von Aleksander LEWIN und Friedhelm BEINER, Heinsberg 1988. Ebenso: Friedhelm BEINER, Erich DAUZENROTH, Elisabeth LAX (Hrsg.): JANUSZ-KORCZAK-*Bibliografie* — Quellen und Literatur (dt.) 1943–1987, Heinsberg 1987. Das inzwischen dreibändige bibliographische Werk (zwei weitere Bände mit der hebräischen Literatur und der Literatur in übrigen Sprachen sind in Vorbereitung) bildet eine zuverlässige Grundlage für jegliche Befassung mit KORCZAK, es zeigt auch, dass den Editoren noch eine grosse Aufgabe ins Haus steht. Was die Daten betrifft, so halte man sich ab sofort an FALKOWSKA, Maria: «Kalendarz życia, działalności i twórczości» (Almanach des Lebens, der Tätigkeit und Werke Janusz Korczaks), Warszawa 1989.

NACHWEIS DER ZITATE

KAPITEL (I): Wer ist dieser Mann?

1. Janusz KORCZAK: Das Recht des Kindes auf Achtung, Göttingen 1970, S. 332.
2. Hanna MORTKOWICZ-OLCZAKOWA: Janusz KORCZAK, Kraków 1949, Warszawa 1961, dt. München / Salzburg 1967, S. 19.
3. ebd., S. 21.
4. Vgl. dazu den schönen Prolog, den KORCZAK seinem «Hänschen» voranstellt, dt. Ausgabe, Göttingen 1970.
5. Janusz KORCZAK: Wenn ich wieder klein bin, Warszawa 1925, dt. Göttingen 1973, S. 228.
   Janusz KORCZAK: Sława, Warszawa 1912, 1958
   Janusz KORCZAK: Kajtuś Czarodziej, Warszawa 1934, 1960, 1973, dt. Stuttgart — Wien 1987
   Janusz KORCZAK: Król Maciuś, Warszawa 1923, dt. Göttingen 1970
6. Janusz KORCZAK: zit. n. Hanna MORTKOWICZ-OLCZAKOWA, a. a. O., S. 34.
7. Janusz KORCZAK: Sława, Warszawa 1912, zit. Edition Warszawa 1958, S. 54, dt. Berlin 1981
8. Janusz KORCZAK: Das Recht des Kindes auf Achtung, Göttingen 1970, S. 304 f.
9. Janusz KORCZAK: ebd. S. 323.
10. Janusz KORCZAK: Das Recht des Kindes, a. a. O., S. 232 f.
11. Vgl. Siegfried KAZNELSON (Hrsg.): Die Juden im deutschen Kulturbereich, Berlin 1959, vgl. auch BUHLER Alain, L'adieu aux enfants, Paris 1978, S. 73 ff.
12. Józef Ignacy KRASZEWSKI (1812—1887) schrieb 188 Gesellschaftsromane, 88 historische Romane, die erste deutsche Übersetzung erschien bereits 1840.
13. Zit. nach Igor NEWERLY: Żywe wiązanie, Warszawa 1966, S. 118.
14. ebd. S. 119 f.
15. Vgl. Michael ZYLBERBERG: A Warsaw Diary, 1939—1945, London 1969, S. 215, vgl. Karl DEDECIUS, Polnische Profile, Frankfurt 1975, Kapitel «Von Kraksau bis Mojschepolis» S. 13 ff.
    Der «Krakauer Eulenspiegel» (DEDECIUS), Adolf Artur Julian NOWACZYŃSKI (1876—1944), sprach verächtlich von «Mojsche-

polis», der Hauptstadt von «Judoslawien» — vgl. DEDECIUS, ebd.

16. Janusz KORCZAK: Das Recht des Kindes, a. a. O., S. 233.
17. Oskar HALECKI: Geschichte Polens, Frankfurt 1970, S. 209.
18. Janusz KORCZAK: Das Recht des Kindes, a. a. O., S. 295/294.
19. Zit. nach Stanisław ROGALSKIS Giessener Vortrag: «Janusz KORCZAK in der polnischen Kultur» vom 22.5.1971(MS), Archiv des Verfassers.
20. Janusz KORCZAK: Das Recht des Kindes, a. a. O., S. 276.
21. Vgl. dazu: Ida MERŻAN: KORCZAK als Kinderarzt, Vortrag auf dem KORCZAK-Symposium der Katholischen Universität (KUL) Lublin (25.—26. Februar 1976), bisher unveröffentlicht.
22. Vgl. Joseph ARNON: The Passion of Janusz KORCZAK, in: Midstream, New York, 5/1973, S. 32 ff.
22 a. Zofia WRÓBLEWSKA und Michał WRÓBLEWSKI: Sieben gute Jahre, in: «Auf dass nichts in Vergessenheit gerät...», hrsg. von Friedhelm BEINER und Erich DAUZENROTH, Giessen 1989 (Universitätsdruck) S. 19.
23. Hanna MORTKOWICZ-OLCZAKOWA: a. a. O., S. 87.
24. Zit. nach Ida MERŻAN: Menschen und Daten, Janusz KORCZAK wehrt gegen ihn erhobene Vorwürfe ab, in: Nowa SZKOŁA, Warszawa, Juli/August 1967.
25. Janusz KORCZAK: Wie man ein Kind lieben soll, a. a. O., S. 282.
26. Janusz KORCZAK: ebd. S. 286.
27. Igor NEWERLY, in: Einleitung zur deutschen Ausgabe: Wie man ein Kind lieben soll, Seite XXIV.
28. Vgl. Stanisław ROGALSKIS Giessener Vortrag (1971), a. a. O.
29. Igor NEWERLY, in Einleitung zur deutschen Ausgabe: Wie man ein Kind lieben soll, Seite XXVII.
30. Vgl. Stanisław ROGALSKIS Giessener Vortrag, (1971), a. a. O.
31. Zit. nach Ida MERŻAN, Menschen und Daten, Janusz KORCZAK wehrt gegen ihn erhobene Vorwürfe ab, in: Nowa SZKOLA, Warszawa, Juli/August 1967.
32. Brief in Fotokopie im KORCZAK-Archiv des Verfassers.
33. Joseph ARNON: a. a. O., S. 39.
34. Hanna MORTKOWICZ-OLCZAKOWA: a. a. O., S. 99.
35. Hanna MORTKOWICZ-OLCZAKOWA: a. a. O., S. 100.
36. ebd. S. 104.
37. ebd. S. 105.
38. Igor NEWERLY, in: KORCZAK, Das Recht des Kindes, a. a. O., S. 242 ff.

39. Maryna FALSKA, zit. nach Hanna MORTKOWICZ-OLCZAKOWA, a. a. O., S. 125 f.

40. Hanna MORTKOWICZ-OLCZAKOWA: ebd. S. 131.

41. Joseph ARNON: a. a. O., S. 38.

42. Stanisław ROGALSKI: Das Schulexperiment Dr. Janusz KORCZAKS, in: Wer war Janusz KORCZAK, hrsg. von Erich Dauzenroth und Adolf Hampel, Giessen 1975 (Druck der Univ.-Bibliothek), S. 73 ff.

43. ebd.

44. Vgl. Stanisław ROGALSKIS Giessener Vortrag (1971) a. a. O.

45. Vgl. Joseph ARNON, a. a. O., S. 37.

46. Ida MERŻAN: KORCZAK — Erzieher der Erzieher, in: Wer war Janusz KORCZAK, hrsg. von Erich Dauzenroth und Adolf Hampel, Giessen 1975 (Druck der Univ.-Bibliothek), S. 44 ff.

47. ebd.

48. Rafael SCHARF: Janusz KORCZAK — the man and his time, in: THE JEWISH QUARTERLY, London, 2/1977, S. 38, vgl. Joseph ARNON, a. a. O., S. 39
Vgl. auch Ida MERŻAN, in: PÄDAGOGISCHE Rundschau, Ratingen, 2/1974, S. 144 ff., und: Pani Stefania — Najbliższy współpracownik von Janusz KORCZAK), (Frau Stefania – nächster Mitarbeiter von Janusz Korczak) in BIULETYN ŻYDOWSKIEGO INSTYTUTU HISTORYCZNEGO, Warszawa 4/1977.

49. Gotthold RHODE: Kleine Geschichte Polens, Darmstadt 1965, S. 453.

50. Oskar HALECKI: a. a. O., S. 232.

51. Stanisław ROGALSKI: KORCZAK — verkannter Pädagoge seiner Epoche, in: Wer war Janusz KORCZAK, hrsg. von Erich Dauzenroth und Adolf Hampel, Giessen 1975 (Druck der Univ.-Bibliothek), S. 73 ff. «Basler Vortrag».

52. Igor NEWERLY: zit. nach ROGALSKIS Basler Vortrag, ebd.

53. Joseph ARNON, a. a. O., S. 47 ff.
Vgl. Abba Eban, Dies ist mein Volk, Zürich 1970: «In den Vorkriegsjahren herrschte in Polen Pogromstimmung ... Eine nachdrückliche Hetze gegen jüdische Akademiker setzte ein. Die Zahl der jüdischen Universitätsstudenten ging schlagartig zurück. Oberst Beck, der polnische Aussenminister, liess verlauten, in Polen gebe es eine Million Juden zuviel ...», S. 316.

1. Vgl. Bernard GOLDSTEIN: Die Sterne sind Zeugen, Frankfurt am Main 1960, S. 43 ff.
2. Witold WIRPSZA: Pole, wer bist du? Luzern und Frankfurt am Main 1971, S. 145.
3. Igor NEWERLY, in: Janusz KORCZAK: Das Recht des Kindes auf Achtung, Göttingen 1970; Vorwort zu den «Erinnerungen», S. 237.
4. Tadeusz BOROWSKI: Die steinerne Welt, München 1963.
5. Stanisław ROGALSKI: Moje wspomnienia o Januszu Korczaku, in: Przyjaciel Dziecka, Warszawa 1970, Heft 7/8, S. 9.
6. Michael ZYLBERBERG: A Warsaw Diary 1939—1945, London 1969, S. 24.
7. Janusz KORCZAK: Erinnerungen, a. a. O., S. 240.
8. ebd., S. 284.
9. ebd., S. 237/238.
10. Vgl. Tatiana BERENSTEIN und Adam RUTKOWSKI: Hilfsaktionen für Juden und Polen 1939—1945, Warschau 1963, S. 25.
11. Joint = American Joint Distribution Committee (amerikanische Hilfsorganisation für Juden).
   Centos = Jüdische Gesellschaft zur Betreuung von Waisen und obdachlosen Kindern mosaischen Glaubens.
12. Fotokopie eines «CENTOS»-Briefes vom 29. November 1940 im Besitz des Verfassers.
13. Vgl. Michael ZYLBERBERG, a. a. O., S. 37.
14. Wladimir BLUMENFELD, zit. nach Eugen KOGON: Der SS-Staat, Frankfurt am Main 1946, S. 177/178.
15. Adolf RUDNICKI: Das lebende und das tote Meer, Berlin 1960, S. 81. Der Name des SS-Untersturmführers erscheint in den Quellen in der Schreibweise «BRAND» und «BRANDT».
16. Janusz KORCZAK: Erinnerungen, a. a. O., S. 342 und 345.
17. Adolf RUDNICKI, a. a. O., S. 336/337.
18. Gerald REITLINGER: Die Endlösung, Berlin 1956, S. 293.
19. M. B.: Likwidacja getta warszawskiego, reportaż, Warszawa 1943.
20. Emmanuel RINGELBLUM, zit. nach: Die Stimme des Menschen, herausgegeben von Hans Walter BÄHR, München 1961, S. 227.
21. Faschismus — Ghetto — Massenmord, herausgegeben vom JÜ-

DISCHEN HISTORISCHEN INSTITUT Warschau/Berlin 1960,
S. 313/314.

22. Josef WULF: Vom Leben, Kampf und Tod im Ghetto Warschau,
Bonn 1963, S. 52/53.

23. Hanna MORTKOWICZ-OLCZAKOWA: Janusz KORCZAK, Warszawa
1961.

24. JANUSZ KORCZAK — 20 Jahre nach seinem Tod, herausgegeben
vom KULTUS- und ERZIEHUNGSMINISTERIUM, Jerusalem 1962.

25. Władysław SZLENGEL: zginał w gecie warszawskim, «ODRODZE-
NIE» 1946, Nummer 35, zit. nach «Wychowanie społeczne w do-
mach dziecka», Warszawa 1968, S. 65.

26. Bernard MARK: Dos Buch fun Gwurah — Das Buch des Heldentums, Ojfstand fun Warschewer Geto, Bd. 1, Łódź 1947.

27. John HERSEY: Der Wall, Baden-Baden und Stuttgart 1951,
S. 305 ff.

28. Janusz KORCZAK: Bankructwo Małego Dżeka, Warszawa 1930,
neu: Nasza Księgarnia, Warszawa 1966, deutsch unter den Ti-
teln: Der Bankrott des kleinen Jack, Berlin 1935; Jack handelt
für alle, Hamburg 1972; vgl. zu dem ROST-Beitrag auch Igor
NEWERLY: Żywe Wiązanie, Warszawa 1960.

29. POLITYKA, Warszawa, 18. 11. 1972, Listy do redakcji.

29 a. Marek RUDNICKI, Der letzte Weg Janusz KORCZAKS, in: «Auf dass
nichts in Vergessenheit gerät...» hrsg. von Friedhelm BEINER und
Erich DAUZENROTH, Giessen 1989 (Universitätsdruck), S. 42 f.
Polnisch in: TYGODNIK POWSZECHNY, Kraków 1988, Nr. 45.

30. Hanna MORTKOWICZ-OLCZAKOWA: a. a. O., S. 262; vgl. zum
Martyrium der Kinder während der Okkupation die in «Prze-
gląd Lekarski» (Medizinische Rundschau) Kraków, erschiene-
nen Beiträge und das von Professor Józef BOGUSZ dem Verfasser überreichte Werk: Okupacja i Medycyna, Warszawa 1971.

31. Oskar BERGER, zit. n. Eugen KOGON: Der SS-Staat, Frankfurt
1946, S. 169 ff.

32. Vgl. Mordechaj TENNENBAUM: So ist die Mutter gestorben, zit.
n. WULF, a. a. O., S. 54 ff.

33. Bernd NAUMANN: Auschwitz, Bericht über die Strafsache gegen
MULKA u. a., FISCHER-Bücherei 885, S. 213.

34. Adalbert RÜCKERL (Hrsg.): NS-Vernichtungslager im Spiegel
deutscher Strafprozesse, München 1977, dtv-Dokumente 2904.

35. Ebd., Vorwort von Martin BROSZAT, S. 8.

36. Gitta SERENY: Es war DANTES Inferno, Franz STANGL gibt zu
Protokoll, aufgezeichnete Gespräche, in: DIE ZEIT, Hamburg,

Nr. 41 ff./1971, Into the Darkness, London 1974.

37. Adalbert RÜCKERL, a. a. O.

38. Tadeusz STABHOLZ: Reise nach Treblinka, in: Wir haben es gesehen, hrsg. v. Gerhard SCHOENBERNER, Hamburg, 1962, S. 184.

39. Adolf RUDNICKI, a. a. O., S. 36.
    Vgl. auch Adalbert RÜCKERL, a. a. O., S. 197/199:
    «Im Vernichtungslager Treblinka wurden mindestens 700 000 Personen, überwiegend Juden, aber auch in geringerem Umfange Zigeuner, getötet ... In einem zum zweiten Treblinka-Prozess im Herbst 1969 erstatteten Gutachten kam der Sachverständige Dr. Scheffler aufgrund neuerer Forschungen zu dem Ergebnis, dass im Vernichtungslager Treblinka insgesamt über 900 000 Menschen nahezu ausschliesslich jüdischer Abstammung getötet wurden.»

KAPITEL (III): Das Kind ...

1. Karl DEDECIUS, vgl. Polnische Prosa des 20. Jahrhunderts, München dtv. 754. Dedecius bezeichnet einen Grossteil der polnischen Literatur als «Biwak-Literatur», geschrieben «von Soldaten im Feldzug, von Heimatlosen während ihrer Pilgerschaft, im Exil oder in der inneren Emigration . . .».

2. Vgl. KAZNELSON: a. a. O., vgl. BUHLER, a. a. O.

3. Paul HAZARD: Die Krise des europäischen Geistes, Hamburg 1939, S. 279.

4. Vgl. Adalbert CZERNY: Der Arzt als Erzieher des Kindes, Wien 1908.

5. Vgl. Yaacov ROTEM: Janusz KORCZAK in den Augen eines Arztes, vgl. auch Ida MERŽAN: So war er, (MS, Archiv), vgl. ferner: Alfred NITSCHKE, Das verwaiste Kind der Natur, Tübingen 1961.

6. Jerzy POMIANOWSKI: Was verdankt die Literatur der Medizin, in: Monatsschrift POLEN, Warschau, 2/1969, S. 18 f.

7. Jean Jacques ROUSSEAU: Emile, Paderborn 1963, S. 215.

8. Janusz KORCZAK: Observation d'un cas d'onanisme chez un garçon, in: Zeitschrift für Kinderpsychiatrie, Basel, Heft 1, 1937, S. 39 ff., dt. von Dietrich KEGLER, KORCZAK-Archiv Dauzenroth, in Polen erschienen in: SZKOŁA SPEZCJALNA, Warszawa, 2/1937.

9. Janusz KORCZAK: Wie man ein Kind lieben soll. Göttingen 1967, S. 222 f.

10. Janusz Korczak: Bobo, in: Neue Sammlung, Göttingen, 2/1967.
11. Hanna Mortkowicz-Olczakowa: a. a. O., S. 137 f.
12. Adolf Portmann: Das offenbare Geheimnis, in: Frankfurter Allgemeine, 21. 10. 1961.
13. Janusz Korczak:Wie man ein Kind lieben soll, Göttingen 1967, S. 278.
14. Janusz Korczak: ebd. S. 223.
15. Janusz Korczak: Das Recht des Kindes auf Achtung, Göttingen 1970, S. 251.
16. Stanisław Rogalski: Giessener Vortrag (1971) MS (Archiv des Verf.).
17. Pierre Teilhard de Chardin: Der Mensch im Kosmos, München 1959, Prolog.
18. Janusz Korczak: König Hänschen auf der einsamen Insel, Göttingen 1971, S. 40 f.
19. Janusz Korczak: Das Recht des Kindes auf Achtung, Göttingen 1970, S. 263.
20. Janusz Korczak: Wie man ein Kind lieben soll. Göttingen 1967, S. 74.
21. Janusz Korczak: Das Recht des Kindes auf Achtung, Göttingen 1970, S. 309.
22. Janusz Korczak: Wie man ein Kind lieben soll, Göttingen 1967, S. 5.
23. Hanna Mortkowicz-Olczakowa: a. a. O., vgl. S. 142.
24. Janusz Korczak: Das Recht des Kindes auf Achtung, Göttingen 1970, S. 32 f.
25. Stanislaw Rogalski: Moje wspomnienia o Januszu Korczaku, in: Przyjaciel Dziecka, Warszawa 1970, 7/8.
26. Janusz Korczak: Wie man ein Kind lieben soll, Göttingen 1967, S. 226.
27. Janusz Korczak: Bobo, a. a. O., S. 151, Wie man ein Kind lieben soll, Göttingen 1967, S. 224.
28. Janusz Korczak: ebd. S. 228.
29. Janusz Korczak: ebd. S. 129 f.
30. Elisabeth Heimpel, in: Das Recht des Kindes auf Achtung, Göttingen 1970 (Nachwort, S. 348).
31. Heinrich Weinstock: Erziehung ohne Illusion, Heidelberg 1963.
32. Stefan Wołoszyn: zit. n. Stanislaw Rogalski, Giessener Vortrag 1971 (MS).

33. Janusz KORCZAK: zit. n. Hanna MORTKOWICZ-OLCZAKOWA, a. a. O., S. 126.
34. Erika KUMM: Das Recht auf den heutigen Tag, in: SÜDDEUTSCHE ZEITUNG, München, 24.7.1968.
35. Zit. nach Joseph ARNON, a. a. O., S. 44.
36. Janusz KORCZAK: zit. n. ROGALSKI, Giessener Vortrag 1971 (MS).
37. Janusz KORCZAK: Wie man ein Kind lieben soll, Göttingen 1967, S. 229.
38. Janusz KORCZAK: ebd. S. 40.
39. Janusz KORCZAK: ebd. S. 157.
40. Janusz KORCZAK: ebd. S. 247.
41. Igor NEWERLY: Der alte Doktor, in: POLNISCHE PERSPEKTIVEN, Warschau, 9/1977, S. 53 f.

KAPITEL (IV): «Was wollen Sie . . .»

1. Jan TWARDOWSKI: O Januszu Korczaku, in: WIĘZ, Warszawa 6/72, S. 58 ff. Vgl. auch Jan TWARDOWSKI: Ich bitte um Prosa, Einsiedeln 1973, poln. Znaki ufnośći, Kraków 1970, S. 10.
2. Hans Roos, in: Janusz KORCZAK — Tradition, Umwelt, Zeitgeist, in: KORCZAK: Wie man ein Kind lieben soll, Göttingen 1970, S. 355.
3. Zwi Erich KURZWEIL, Vorläufer progressiver Erziehung, Ratingen 1974, S. 142.
4. Abbildungen dieser Arbeiten im Besitz des Verfassers, Abschriften der Gedichte ebenfalls im KORCZAK-Archiv des Verf. (Aus den Trauerliedern des Ghettos, hrsg. v. J. WYDERKA, 1946). Vgl. auch die Edition Pieśń ujdzie cało (Das Lied bleibt leben), hrsg. von M. M. BORWICZ, Warszawa-Łódź-Kraków 1947, darin Gedichte über KORCZAK von Stefanie NEY (S. 127), Antoni SŁONIMSKI (S. 145) und WITOLD ZECHENTER (S. 215). Włodzimierz SŁOBODNIK, in: LITERATURA, Warszawa, 31. Lipca 1975 r. Anna KAMIEŃSKA, in: TYGODNIK, POWSZECHNY, Kraków 1975, dt. von Karl DEDECIUS, in: KORCZAK-BLÄTTER, I, Giessen 1977.
5. Kazimierz KOŹNIEWSKI: Etos Janusza KORCZAKA, in: NOWA SZKOŁA, Warszawa 1973, Heft 7/8, S. 50 ff.
6. Janusz Korczak: Das Recht des Kindes auf Achtung, Göttingen 1970, S. 322.

7. ebd. S. 250 f. Vgl. auch Korczak: König Hänschen auf der einsamen Insel, Göttingen 1971, S. 103 f.

8. Zit. nach Hanna Mortkowicz-Olczakowa, a. a. O., S. 17.

9. ebd. S. 18.

10. ebd. S. 20, vgl. Korczak: Wenn ich wieder klein bin, Göttingen 1973, S. 219.

11. ebd. S. 20 f.

12. Janusz Korczak: Wie man ein Kind lieben soll, Göttingen 1970, S. 250.

13. Janusz Korczak, Der Abschied, in: Von Kindern und anderen Vorbildern, Gütersloh 1979, S. 138.

14. Janusz Korczak: Allein mit Gott, Gütersloh 1980, GTB Siebenstern 1004, S. 39.

15. Janusz Korczak: Das Recht des Kindes auf Achtung, Göttingen 1970, S. 247.

16. Janusz Korczak: Wie man ein Kind lieben soll, Göttingen 1970, S. 4. Vgl. auch Korczak: Wenn ich wieder klein bin, a.a. O., S. 271 u. 385.

17. Jerzy Zawieyski, Weg des Katechumenen, in: Znak Nr. 43/1958, Krakau, S. 28.

18. Jan Piotrowski: Vater fremder Kinder, Łódź 1946, S. 48.

19. Tygodnik Powszechny, Krakau, Nr. 15/1945 (Die Hinweise verdanke ich Bernard Ignera).

20. Hanna Mortkowicz-Olczakowa: a. a. O., S. 117.

21. Janusz Korczak: Wie man ein Kind lieben soll, Göttingen 1970, S. 4.

22. Hanna Mortkowicz-Olczakowa: a.a.O., S. 117, die Formel stammt aus einer jüdischen Benediktion, vgl. den Talmud.

23. ebd. S. 118.

24. ebd. S. 118.

25. Zit. nach Jolanta Świtalska: Der unbekannte Korczak, MS Giessen 1973, Korczak-Archiv des Verf.

26. Janusz Korczak: Begegnungen und Erfahrungen, Göttingen 1972.

27. Vgl. Stanisław Rogalski: Janusz Korczak w kulturze Polskiej, in: Kultura i Społeczeństwo, Warszawa, 2/1972, S. 57 ff.

28. Vgl. Korczak: Senat Szaleńców, Humoreska ponura, in: Wybór Pism, Bd. IV, Warszawa 1958, S. 426 ff., dt. Frankfurt 1985.

29. Janusz Korczak: Das Recht des Kindes auf Achtung, Göttingen 1970, S. 37.

30. Vgl. Yitzhak PERLIS, Final Chapter..., in: KORCZAK, The Ghetto years, Ghetto Fighters' House, 1980.
31. Zit. n. Hanna MORTKOWICZ-OLCZAKOWA: a. a. O., S. 184 ff.
32. Joseph ARNON, a. a. O., S. 48.
33. Shimon SACHS: Der grüne Traum, Jugend in Israel, München 1966, S. 47.
34. Michael ZYLBERBERG: A Warsaw Diary 1939—1945, London 1969, S. 28 ff.
35. ebd. S. 29 f.
36. Franciszek ZĄBECKI: Wspomnienia dawne i nowe (Erinnerungen alt und neu), Warszawa 1977, S. 55 ff.
37. Bernard IGNERA, Wda/Polen, MS, KORCZAK-Archiv des Verf.
38 Brief vom 16.10.1977, KORCZAK-Archiv des Verf.; vgl. auch: Bernard IGNERA, Praca magisterska, Katolicki Uniwersytet Lubelski, 1976.
39. Igor NEWERLY: Einleitung, S. XXI, KORCZAK, Wie man ein Kind lieben soll, a. a. O.

Janusz Korczak

Allein mit Gott

Gebete eines Menschen, der nicht betet. Aus dem Polnischen übersetzt von Wolfgang Grycz. Mit einem Nachwort von Erich Dauzenroth und Adolf Hampel. 3. Auflage. 88 Seiten. (GTB 1004)

Verteidigt die Kinder!

Mit einem Vorwort von Erich Dauzenroth und Adolf Hampel. Aus dem Polnischen übersetzt von Wolfgang Grycz und Ilse Renate Wompel. 3. Auflage. 143 Seiten. (GTB 1020)

Die Kinder der Bibel

Aus dem Hebräischen übersetzt von Shoshana Sachs. Mit einem Nachwort von Erich Dauzenroth und Adolf Hampel. 2. Auflage. 78 Seiten. (GTB 1044)

Von Kindern und anderen Vorbildern

Mit einem Vorwort von Peter Härtling und einer Einleitung von Erich Dauzenroth und Adolf Hampel. Aus dem Polnischen übersetzt von Barbara Bayer-Faber und Ilse Renate Wompel. 140 Seiten. (GTB 1084)

Der kleine Prophet

Eingeleitet und herausgegeben von Erich Dauzenroth. Aus dem Polnischen übersetzt von Staś Nowak. Illustrationen von Meir Faszynk. 47 Seiten mit Abbildungen. (GTB 1101)

Gütersloher Verlagshaus Gerd Mohn